ブラック葬儀屋

尾出安久

幻冬舎新書
405

はじめに

「ブラック葬儀屋」とは、お客様のことより自分たちの売上げや儲けを優先し、お客様を満足させるサービスとは何かを考えず、ひとりの社会人としても不十分な人材が多く、サービス業という自覚に欠けた葬儀社のことです。

葬儀社が葬儀一式を請け負って、さまざまな手配をするようになったのは戦後のことです。高度成長期とともに、お葬式のことは葬儀社に全部任せるというスタイルができあがりました。地域のコミュニティが機能しなくなり、人間関係が希薄になったことも、ご遺族が葬儀社にすべて任せきりにしてしまう一因になりました。

そのため、お葬式のことを葬儀社以外に聞けなくなってしまいました。葬家にとってはそこに落とし穴があり、葬儀社にとってはそこに商機が生まれたのです。そういう経緯から、常に葬儀社が主導権を握り、ご遺族がそれにしたがうといった構図になりました。

葬儀社に言われるままにしていたら、はじめは100万円くらいと聞いていたお葬式が、終わったら200万円も請求されたなどという話がまことしやかにささやかれたこともあったようです。葬儀社としては騙したつもりはない場合も多々あったでしょうが、葬家には結果としていい印象が残りません。見積書を出さない、または出しても内容の説明がないという話は実際にあり、明細を見ると「葬儀一式100万円」とだけしか書かれていなかったという、信じ難いこともあったのです。

今から10年前には、家族葬という単語は一般化していませんでしたが、昔から家族だけで行なう葬儀はありました。本当に身内しかおらず、連絡すべき人がいなければ家族葬にしかならないのです。

最近の葬儀の小型化は来るべくして来たのです。これからは、葬儀と言えば家族だけで行なうことを言い、大勢の人が来る葬儀を「イベント葬」とでも呼んで区別するかもしれません。

本書は、さまざまなシーンにブラック葬儀屋を登場させ、葬儀のあるべき論を引き出しながら、賢い消費者になっていただけるようアドバイスも盛り込みました。
いざというときに皆様の一助となれば幸いです。

ブラック葬儀屋／目次

第3章 ブラックな葬祭関連アレコレ 79

第1章 ブラック葬儀屋の受注術

お客様のことよりも自分たちの利益を最優先し、サービス業という自覚に欠けたブラック葬儀屋。そのブラック葬儀屋にはどのようなパターンがあり、どのようにご遺族を取り込んでいくのか。第1章ではその実態を知っていただくために、まずはその手口から紹介していきたいと思います。

病院に常駐する葬儀社

葬儀業界もサービス業です。行なっている業務は他のサービス業とそれほど変わりはありませんが、営業先が病院や老人施設など、死と隣り合わせの場所であることが、サービス業と認識されにくいところかもしれません。

そしてまさにその場所で、同業者との葬儀の受注合戦をくりひろげることになります。日本では病院で死亡するケースが多く、一部の事故死、犯罪死、自殺、独居死などを除くと、ほとんどの人が病院で亡くなっているのが現状です。

つまり、病院は葬儀のスタートラインということになり、それはご遺族にとっても同じということが言えます。

病院は、ご遺体を院内に安置できる霊安室がある病院とない病院に分かれます。霊安室はたいてい地下または病棟のもっとも端にあり、正面ではなく裏口から出入りします。できるだけ目立たないように配慮された場所にあるということです。

ベッド数の多い大病院では霊安室の管理を葬儀社に任せることも多く、公営の病院などでは、それを請け負う葬儀社を入札で決めることがあります。入札の場合、それなりの施行実績や財務内容、また人員確保の問題など高いハードルがたくさんあり、小さな葬儀社が任されることは難しいと考えられます。

もし入札で選ばれれば、半年交代や隔月交代などの方法により、2社で霊安室の管理を任されるため、営業面でとてもプラスになります。入札ではなくコネでその権利を獲得した葬儀社などは、霊安室はまるで自社の出張所みたいなものになり、何か問題が起きない限り、ずっとそこにいます。

もっとも、入札のない個人病院もたくさんあります。このような病院詰めの葬儀社になるためには、葬儀社は一般企業のように営業活動を行ないます。定期的に訪問し、看護師さんたちに顔を売ること、ときどき菓子など差し入れすること、中元や歳暮などを欠かさないこと、場合によっては医療器材を寄付したりすることもあります。もちろんすべての病院がこうした営業活動を認めるわけではありませんので、臨機応変に対応するのは営業マンの腕の見せどころです。

さて、大病院では、亡くなった方の処置が終わると故人を霊安室へ移します。これを院内搬送といって、実はここからが葬儀社の仕事です。ご遺体の移動は病院関係者ではなく、葬儀社の人間が行なうのです。

ご遺族は言われるがまま霊安室までご遺体に同行しますので、担当の葬儀社にとって、ここが葬儀の受注をするファーストチャンスとなります。

とはいえ、その方法や心持ちによっては、「ブラック」と評されてしまうだろうなあというケースも散見されます。葬儀業界人の会話の中には、ときにはまるで人の死を待っているような、ブラックと思われても仕方のない発言を耳にすることもあります。

「とにかく病院に入って、うまく仕事に結びつけられれば年間で数十件は増える。何が何でも病院に入りたい。病院に詰めているだけで、クモの巣を張って待っているようなものさ」

「病院に詰めるためには、仕事があってもなくてもいつも2人確保しておかなければダメなので、月に2～3件の仕事じゃとても採算が合わないね。他の葬儀社へ行かないように、値引きもにおわせていいから何とか食い下がってうちでやってもらえ。どうしても月に2桁はやりたい。仕事になるまで帰らないくらいの覚悟でやれ」

仕事のためとはいえ、さすがにここまでくると、かなりブラックですね。

あくまで私個人の感想ですが、入札のない病院を半ば出張所のように使っている葬儀社のスタッフに、教育の行き届いた一流のサービスマンのような人がいるとはとても思えません。このあとで触れますが、チンピラ青年のような葬儀スタッフに出会ったこともあります。

「相手は今、動揺していて藁にもすがりたいところなんだから、そこで『何かお困りだったら相談に乗りましょう』と手を差し伸べる。『ここでお会いしたのもご縁ですから』などと言って、何とか気持ちをこちらに向ける。そこからが勝負だ」

これくらいの口上は、社長や先輩から教わっているでしょう。

一方、大病院に入札で入れるような葬儀社には、組織として動き、教育された礼儀正しいスタッフがそろっていることが多いようです。少なくとも私の経験では、十中八九そうでした。

このように、病院に常駐する葬儀社には二通りあります。

本当に藁にもすがる思いで言われるままにお葬式をお願いしたとしても、結果として、とても満足するお葬式ができたのであれば問題ありません。そういう方もいらっしゃると思います。それはそれでいい人に当たった、いい葬儀社に当たったのです。

しかし、その逆もあります。お願いしようと決めていた葬儀社ではなく、こういった病院からの紹介で会った葬儀社に、成り行き上仕方なくお葬式を頼んだことによって、まったく期待を裏切られ悲しい思いをした方もいるでしょう。

葬儀社の当たり外れで決まってしまうのではなく、自分たちの目利きでいい式ができるよう、お葬式の知識をぜひ身につけておいていただきたいと願います。

刷り込まれる遺族

「大変ご愁傷様でございます。これより故人を霊安室へ移します。霊安室で関係者が集まるのをお待ちして、その後、担当された先生や看護師さんに見送りをしていただいてから、私どもが故人をご自宅までお送りいたします」

病室で亡くなると、病院と契約している葬儀社が霊安室までご遺体を運びます。そのとき、葬儀社からご遺族に向けて、このような挨拶があります。

ベッドに横たわるご遺体を、看護師さんの手を借りながらストレッチャーという台車付きの担架に移し、しずしずと霊安室まで押して行きます。

ご遺族もその後をついていく形で、霊安室までいっしょに移動します。

霊安室がない病院では、ご遺族または病院からの連絡で葬儀社がご遺体を迎えに行きます。病室から運び出したご遺体をそのまま搬送専用の車両に移し、ご自宅まで向かうのです。

ご遺族にとって、病院関係者は別として、まず最初にお悔やみを言ってくれる他人は葬儀社の人間です。医者には相談できないお葬式のことを、どうしたらいいのか心を痛めているときに、最初にやさしい言葉をかけるのが葬儀社なのです。

すでに頼みたい葬儀社が決まっている人は、病院専属の葬儀社の誘いには乗らないのが普通です。それどころか、霊安室に入ったころには、ご遺族から連絡を受けた葬儀社が迎えに来ていることもありますので、そのときはもう病院専属の葬儀社の出る幕はありません。

でも、中には本当にどうしていいかわからずに途方に暮れるご遺族がいらっしゃいます。そのときが病院専属の葬儀社の出番です。生まれたばかりの雛鳥（ひなどり）が、最初に見たものを親だと思う、あの刷り込みと同じです。

前述したように、葬儀社にとって、霊安室までの移動が仕事を受注するファーストチャンス。病院と契約している葬儀社は、それだけで多くの受注チャンスを手にしているということになります。

こうしてすすめられるままに、最初にアプローチしてくる病院専属の葬儀社にすべてを委ねるケースが多いのです。

したがって、我々葬儀社にとっては、霊安室での時間が重要なポイントになります。このときの態度、言葉づかい、所作などが悪いとご遺族の印象を損ね、その後の折衝に影響します。担当者はうまくしゃべったつもりでも、ご遺体に対する敬意が欠けていたり、ぞんざいな扱いをしたりするともうダメです。

ご遺族にとっては、まだ故人は生きているのです。

「いっせぇの、せぇと」

故人を担架に移すとき、二人で力を合わせるためのこんな何気ないつぶやきさえも、ご遺族に不快感を与えることになります。教育が行き届いている葬儀社のスタッフであれば、このようなかけ声はけっして出しません。

ご遺体は〝もの〟ではないのですから。

まずは〝保管〟がポイント

霊安室では、お線香を焚(た)くことができます。白いシーツにくるまれたご遺体は小さな祭壇の前に安置され、ご遺族に順番にお線香をあげていただきます。全員の焼香が終わると、葬儀社の担当が喪主とおぼしき人に声をかけます。

「あらためまして、ご愁傷様でございます。私は〇〇葬儀社の△△と申します。関係の方への死亡連絡をこれからされると思いますが、病院にあまり長く滞在することはかないませんので、遠方の方には故人の安置先を伝えていただくとよいと思います」

このとき、安置先をすぐに決められなかったり、少しでも迷いのあるご遺族に対しては、担当者は次のように提案します。

「安置先が決まらないと、今後のことを決めることもできません。また、すぐにお葬式ができるかどうかわかりませんので、ご遺体を保管する環境も考えて、当社でご遺体をお預かりすることもできますが、いかがでしょうか」

現代の住宅事情や近所の手前などを考えると、どこか預かってくれるところはないかと考える人は多いのではないでしょうか。ですから、この提案は、ご遺族にとっては心の負担が少しでも軽くなるものだろうと思います。

私が葬儀業界に入った平成のはじめごろは、大手と呼ばれる葬儀社でさえ、ご遺体専用の保冷庫（2名用）をようやく導入したばかりという時代でした。また、ご遺族もご遺体を人様に預けるという考えは、まず思いつきもしなかったことでしょう。

それが、その後に斎場建設ラッシュが起こり、今ではどこの斎場でも預かるようになったため、ご遺体をご自宅に連れて帰らなくても大丈夫な時代になったのです。

「やはり何日もご自宅にご遺体を寝かせておくのは心配ですよね。訃報を聞いた関係者も訪ねて来るし、ご家族も気が休まらないのが現実です。うちでお預かりすれば、対応はすべて当社でやりますし、何といってもご遺体をきちんと保管できますから」

おおむね「ご遺体（故人）のため」というフレーズは、ご遺族にとっては琴線に触れるのです。

一般の人はご遺体の扱いなど知る由もないですし、「死後24時間が経（た）つと腐敗が始まり、ドライアイスだけでは対応できないので棺（ひつぎ）そのものを冷やさないとダメです」などと言われたら、怖（お）じ気（け）づいて葬儀社に任せてしまうことが多いのです。

実は、ドライアイスをご遺体に2日分つけて、きちんと棺の蓋（ふた）を閉めて、しょっちゅう開け閉めしなければ冷蔵庫と同じ状態を保てるため、3日間は大丈夫です。ただ、腐敗が遅れるだけで、腐敗しないわけではありません。

あとは安置する部屋を温めないことです。冬は暖房なし、夏は冷房で対応です。葬儀社に預けても、保冷庫に入らなければ、ご自宅に安置してもあまり変わらないのが本当のところです。

こうして、親切で抜け目なく、甘い言葉で誘いながら、何も知らない子羊のようなお客様の賛同を得て、ついにご遺体を自社の斎場まで運んでしまうのです。

これは病院と契約している葬儀社のいわば特権のようなもので、すでに依頼先が決まっているお客様へは通用しません。

しかし、ときとして価格一本勝負で病院に詰めている葬儀社が受注することもあり、それはそれとして選択権がお客様にある以上、どうしようもないのです。先に会って話をしたもの勝ちというところでしょうか。

「こちらは、相手が何も知らないということをよく知っている。どうしてほしいかがわかっている。自分たちだけじゃできないということも知っているんだから、よほど葬式のことを熟知している人じゃない限り、こちらのペースに引き込むのは簡単だね」

とは、とある病院おかかえの葬儀社が豪語していたことですが、この考え方こそがご遺族をなめている原点です。相手の立場になって考えているようで、実は自分たちのペースで進めているのです。

大切なご家族やご親族を失って、どうしたらいいかわからない、何も考えられないと、むしろ葬儀社のリードを求めるご遺族も少なくはないでしょう。であるならば、強引ではないスマートなお誘いが、少なくともご遺族にはそうと気づかれない提案をすることが、葬儀社の良心なのではないかと思います。

霊安室での横取り営業の手口

お客様に呼ばれて、都内のある大きな病院の霊安室にご遺体をお迎えに行ったときのことです。その病院と契約している葬儀社と鉢合わせをしたのですが、この葬儀社のスタッフが、態度がとても悪いのです。まさにブラック葬儀屋を体現したかのようでした。一見したところ身なりはちゃんとしていますが、まるでチンピラのような態度なのです。

「ちょっと、中に入って来ないで。霊安室の管理はウチらがやってるんだから」

霊安室に入ろうとすると、ブラック葬儀屋の彼が、あからさまに敵愾心（てきがいしん）をむき出しにしてきます。

「私どもは○○様からお電話をいただいてうかがったのですが」

「そんなの聞いてない。どこの葬儀屋さん？」

「私どもは△△葬儀社です」

「ああ、あの△△さんね。ずいぶん景気がいいっていう噂じゃない。1件くらいウチにまわしてよ」

「すみませんが、○○様がお待ちなので……」

「中はウチらの管轄なんだから、そこで待ってて」

　そう言われて仕方なく、霊安室の外でたっぷり30分待たされました。

　室内で行なわれていることは想像に難くありません。つまり横取り営業です。あそこは高い、大手はダメなど、ご遺族にあることないこと散々吹き込んでいるのでしょう。

　あとでお客様から聞いた話では、執拗に食い下がられて参ったとのこと。態度は悪いし、聞き苦しい誹謗中傷など言いたい放題。このまま遺体が人質にとられてしまうのでは、と思ったそうです。

　まだ年若い青年でしたが、とんでもないブラック青年でした。その場にはもうひとり、年配の相棒がいましたが、ひと言もしゃべらず。どうやらまだ新人だったようです。

　あのブラック青年が先輩で何も言えなかったのかと、かえって気の毒になったくらいです。

ブラック葬儀屋。何から何まですべてがブラックな葬儀屋というものがあるとは思えませんが、ある面ではブラック、あの人だけはブラック、あのことはブラック、という部分が葬儀業界にあることは否定できません。

葬儀はご遺族にとっては一大事です。大切なご家族が亡くなられて混乱したり、悲嘆に暮れてどうしていいかわからない状態になるのは仕方のないことです。だからといって、すべて葬儀社に任せようという安直な考えが、心に隙をつくるのだと思います。

ブラック葬儀屋は、その隙をよく知っています。もちろん、ブラックでなくても知っています。

葬儀社も商売で、ボランティアではありません。葬儀社に安易に丸投げせず、葬儀をどうしたいか、どうすべきかを、自分たちでしっかり考えるという姿勢が必要なのではないでしょうか。

考える隙を与えず、なし崩し的に受注する

では、具体的にどのようにして葬儀社はご遺族を懐柔（かいじゅう）するのか。場面ごとに解説していきましょう。

今まさに故人が病院の霊安室に安置されたところです。

「どちらかお心当たりの葬儀社がありますか。霊安室にはあまり長い間いられませんので、もしよかったら、とりあえず当社でご自宅までお送りしましょうか」

親切なこの言葉に救われる方もいるでしょう。もしものときのために決めていた葬儀社があれば、この時点で電話をかければ迎えに来てもらえますが、ない場合は、病院に相談するか、目の前にいる病院詰めの葬儀社にお願いするしかありません。

これがブラックな葬儀屋なら、どんなことになるでしょうか。

どうやらこのご遺族は搬送をお願いできる葬儀社のあてがないと見てとると、

「とりあえず家までうちで運びますよ」

と言って、どんどん支度（したく）を始めます。

「お葬式のことは家に着いてからでいいでしょう。あまり霊安室に長居すると病院にも

ご迷惑なので、ひとまず病院を出ましょう」

そう言って、ご遺族を急かします。

「喪主になる方、道案内を兼ねて故人といっしょに車に乗ってもらえませんか」

とドライバーが言うと、名乗り出た喪主を後部シートに押し込みます。シーツにくるまれたご遺体は搬送車に移され、乱暴に後部ドアを閉められて出発準備が完了です。

ご遺族も自分たちの車に乗り込み、ブラック葬儀屋は皆がそろうのを見計らって車をスタートさせます。こうしてあまり考える時間をご遺族に与えない、これがまず第一歩です。

家に着くまでの間、助手席に乗ったブラック葬儀屋の担当者は喪主に話しかけます。

「葬儀の打ち合わせはできるだけ早いほうがいいですね。火葬場というのは受付順ですので、申し込みが遅ければ遅いほど、どんどん先延ばしになっていき、友引がかかると、下手すると葬式は1週間も先になってしまうことがありますのでね」

つぶやきのように喪主に話しかけます。

「え？　1週間も？」

喪主は息を呑(の)みます。

「親戚に相談するのもいいですが、皆が集まるのを待っているとどんどん遅くなり、葬式がやたら先になるというのはご家族にとっても負担です。そこだけは覚えておいてください」

などと、たたみかけるように心配の種を蒔(ま)くのです。これが第二歩です。あとは到着まで世間話などして和やかなムードをつくります。確かに受注するまでは、いい印象を与えないといけないからです。

さて、ブラック葬儀屋は、ご自宅に着くとテキパキと動きます。

「故人をふとんに寝かせたら、お線香をあげられるように支度をしますので、コップに水を用意してください。それと座ぶとんも忘れずにお願いします。あとは、何でもいいから花があるといいですね」

などと、ご遺族は次から次へと用を言いつけられ、もうブラック葬儀屋の意のままです。

「準備ができたところで、皆さん順番にお線香をあげてください。これから大勢の方があげますので、1本でいいですよ。故人に近い方からどうぞ」

このお線香をあげる順番を見ていると、この家の血縁関係がおおむねわかります。

「さて、心当たりの葬儀社がないなら、このまま私が葬儀の打ち合わせをしますが、どうしますか。打ち合わせは早いほうがいいですよ。今から葬儀社を探すのは時間がかかります。せっかくのご縁ですから、うちに任せてください」

という「ご縁」を打ち出して第三歩です。

この辺までは丁寧に、親切に、やさしく話します。家に向かっている最中に喪主に向かってつぶやいた「早いほうがいい」という暗示がここで利いてきます。そしてついに喪主の口から「お願いします」のラブコールが発せられるのです。そうなれば、あっという間に受注開始になります。

ブラック葬儀屋だからといって、いかにも態度が悪いとは限りません。料金はブラックでも接客は一流ということもあります。その接客テクニックにうまく乗せられてしまうこともあるのです。この例のように間髪を容れず一歩、二歩、三歩と迫られて寄り切られてしまうことも多いのです。まるで「病院からすべてを委託され、葬儀もうちでやるのが当然」といった、ブラック葬儀屋がつくり出す空気に乗せられ、気がついたら葬式が終わっていた、などということも珍しい話ではありません。

結果として、ご遺族がいい葬式ができたと思えればそれでいいのかもしれませんが、ただ、これも葬儀社のテクニックのひとつであることを、どうか頭の片隅に置いておいてください。

“搬送だけ”も可能だが……

しかし、家まで搬送してもらったあとに、「葬儀は別の会社でやりますので」と断ったらまずい雰囲気になることも予想できます。心当たりの葬儀社がないご遺族が、搬送をお願いした葬儀社にお葬式も任せようかと思っていたものの、どうも担当者の態度がよくないのでやめることにして、そのことを伝えたとたんに担当者が顔色を変えて怒り出したという話を聞いたことがあります。

「ここまできて、それはないでしょう。私たちは子どもの使いじゃないんですよ。葬儀を頼まないなら、はじめからそう言ってほしかったですね」

と逆ギレ状態だったそうです。その挙句、搬送だけで10万円という金額を請求されたと怒っていました。

かくいう私も、搬送だけ頼まれたにもかかわらず、どんどん家に上がり込み、いつの間にか葬儀の打ち合わせを始めていたことがありました。そのときはけっしてブラックな気持ちはありませんでしたが、思えばあれも身についたテクニックのひとつだったのかもしれません。

葬儀社にご自宅まで搬送をお願いする場合は、搬送だけお願いするのか、葬儀も頼みたいので、その後に式の打ち合わせもしたいのか、どちらかに決めなければなりません。特に搬送だけをお願いするときは、曖昧(あいまい)な返事をせずに毅然(きぜん)とそのことを伝えなければいけません。

「お葬式のことはこれから親戚と話をしてから決めます。心当たりの葬儀社もありますので、とりあえず自宅までお願いします」

と、はじめに言っておく必要があります。

仮に心当たりの葬儀社がなくても、ひと呼吸おくという意味で、まず故人を安置することを優先したほうがよいでしょう。

ご自宅に着くと、先に述べたように、葬儀社は手際よくご遺体を安置してお線香をあげる支度をします。ドライアイスの2日分（20キロ）は付けていくでしょう。普通の葬儀社ならここまではやります。搬送だけといっても、玄関先で終わりではありません。病院から30分くらいで着く距離であれば、搬送費、シーツ代、ドライアイス代、枕飾り一式などでかかる費用はおおむね5万円くらいです。これが良心的な価格です。

ただこれはご自宅へ帰る場合の話で、葬儀社の施設に故人を預けるとなると、これは通用しません。預けた先の葬儀社で葬儀をやるのが当然の流れになってしまいますので、要注意です。

預けたご遺族も、預かる葬儀社も、表現が悪いのを承知で言えば、ご遺体はいわば人質と同様なのです。

強引に口説き落とす

これも病院でのことです。霊安室の前の廊下で、ブラック葬儀屋の社長がご遺族を説得している姿を見ました。

「普通にやれば100人は来ると思いますよ。ご主人は現役なんだから、仕事関係が多いはずです。会社の人が全部来るわけじゃないけど、歳やキャリアを考えたら50人は間違いなく来ます。それに近所や奥さんのパートの関係もある。お子さんたちは孫にあたるからいいとして、親戚だけでも30人いれば、それだけで100人近いじゃないですか。故人は老人会に入っていませんでしたか？　もし入っていれば、さらにプラス20人は見ないと」

「ちょっと葬儀屋さん待ってください。確かにそうかもしれないけど、正直なところ、うちには金銭的な余裕がないんです。病院の支払いだけで精一杯なんです。お坊さんのこともあるし、とても普通に葬式はできません」

廊下でブラック葬儀屋と立ち話をする息子さんとおぼしき人が躊躇している様子が、少し離れた場所からも見えました。このご遺族のように、病院の支払いで余裕がないというケースは非常に多いのです。

「でも内緒にできるわけないでしょう。ご遺体を自宅に連れて帰れば、すぐ近所に知れますよ。忌引きで会社を3日くらい休んだだけでは全部終わらないものです。手ぶらで葬式に来る人はいませんから、出費もありますが、入ってくるお金もあるんです。100人来れば、今出せるお金と合わせて葬式はできる。やり直しできないんだから。親の葬式ですよ」

どうやら一方的に押しまくられているようでした。

しかしこういった場合、たとえ葬式をやらずに火葬だけで済ませても、お坊さんとお墓のことはどの道ついて回ります。いただけそうな香典の金額と自分が出せるお金を天秤（てんびん）にかけて、よく考えなければなりません。ブラック葬儀屋の言いなりではダメなのです。

あとから聞いた話では、このブラック葬儀屋の社長が出した請求金額は約1000万円でした。

「式場は近所の町会会館を借りたので、ガス・水道・電気代の5000円で済みました。祭壇、棺、葬儀の備品一式、火葬場、バス代など葬儀社への支払い（葬儀代）が60万円。2日分の料理と飲み物で20万円とお返し物（2500円）が80個で20万円。

他に雑費が5万円、出費は合計105万5000円でした。80人分の香典で約50万円が入ってきたので、差し引き55万5000円。

お坊さんへのお布施が40万円だったので、用意できたギリギリの自己資金96万円で何とか持ち出しにならずにできました。

強引な葬儀屋さんだったけど、結果オーライです」

この結末を知ったのは葬儀が終わって少しあとのことで、偶然にもこの喪主と私の知人が知り合いだったために詳しく教えていただけました。

ブラック葬儀屋の葬儀代の内訳が知りたいところでしたが、もしかしたら料理にかかった費用もランクと数の調整次第でもう少し安くなったかもしれません。

やはり彼らはどこかでしっかり儲けたのだと思います。

身なりで判断して失敗したブラック葬儀屋

葬儀はお金をかける気があるかないか、いくらまで出せるかが問題であり、お金持ちだから葬儀にいくらでもお金を出すとは限りません。

ただ葬儀社としても、資産があり、裕福な暮らしをしているご家庭であれば、豪勢な葬儀を出すのではないかという期待感はあります。そういう家に遭遇したら、ブラック葬儀屋でなくともかなり期待してしまうのは当然です。

私も何度かそういう期待感あふれる家に遭遇したことがあり、そのほとんどのケースで立派な葬儀を受注させていただきました。例外なく古い家柄で、その土地に長く住んでいるため近隣の方も大勢弔問に訪れ、規模としても大きな葬儀ばかりでした。すべてにおいてランクがひとつ上という内容で、お客様はあまり迷うこともなく、あっという間に500万円ほどの葬儀になったものです。

ところで、人は見た目でわかることもありますが、一方で見かけによらないこともままあります。

病院や警察などではじめて顔を合わせたときに、この人はしっかりしているとか、何となく信用できないとか、いかにも裕福な生活をしていそうとか（実は葬儀社もお客様から同じ目で見られており、お互い様なのですが）、見た目で相手の評価をしてしまいがちです。

けれど、お金持ちが意外とケチだったり、着るものに無頓着(むとんちゃく)でおよそお金持ちに見えなかったりすることもあります。お金持ちだからといって上品とは限らないし、とんでもなく口汚い人もいます。見るからに裕福ではなさそうだからといって、お金持ちではないと誰が言い切れるでしょうか。これはそれを見抜けなかった話です。

ブラックと言われている、ある葬儀社の実例です。

都下の有名大学病院の霊安室でのことです。老夫婦の奥様のほうが他界され、喪主となられる旦那様とブラック葬儀屋の担当者は、先に葬儀の打ち合わせを始めました。

このご夫婦にはお子さんがなく、身なりも質素な感じだったということもあり、担当者はいろいろ聞かずに「お金もかからないし、いろいろわずらわしいこともないから火葬だけにしたらどうか」とすすめました。大規模な葬儀でなくても、とにかく受注したかったのだと思います。

とても裕福そうに見えなかったので、その葬儀屋もやや上から目線になり、ただでさえよくない接客態度がますます悪くなったようです。こういう態度がブラックたる所以(ゆえん)で、きちんとしたサービスの教育がされていないのです。

「そうはいかない」と言うご主人の言葉を無視し、ともかく火葬だけの見積書を渡して、ご遺体を家まで運ぶことになりました。

ところが着いた家は農家の豪邸で、すばらしい庭と土蔵のある家でした。

ブラック葬儀屋の担当者は火葬だけの見積もりを出したことを喪主に詫びて、改めて葬儀の打ち合わせを申し出ましたが、きっぱりと断られました。身なりがあまりよくなかったこのご老人は、たいそうなお金持ちだったのです。

この話には後日談があり、ブラック葬儀屋は病院からの呼び出しで、「お宅の病院に出入りしている葬儀社にひどい扱いを受けた」という苦情の電話が、ご遺族からあったことを知ります。結局、この葬儀屋は病院の信頼を傷つけたとしてペナルティを受け、半年間の出入り禁止となりました。

もちろん苦情はあのご老人からです。侮辱(ぶじょく)されたと思ったので、黙っていられなかったのでしょう。ただ、病院で怒るのもどうかと思い、あとからクレームの形で病院に知らせたそうです。

葬儀は盛大かつ豪華に行なわれたそうで、ブラック葬儀屋の担当者が人を見る判断を誤っていなければ、相当な売上げになったはずです。

この後日談は喪主の甥(おい)から聞きました。彼は私の会社の職員でした。

ご遺体をご自宅に搬送することが、その家の情報を得るにはいちばんいい方法です。そのいい例が前述の話ですが、最近ではマンションやアパート住まいで家に連れ帰ることもできず、戸建てに住んでいてもご遺体を安置できる部屋がない、または家に連れて帰りたくないという要望から、葬儀社が自宅を拝見する機会がないまま、ご遺体を預かる例が多くあります。

ご自宅はご家族の情報源です。暮らしぶり、金銭感覚、家庭環境、お子さんの教育、生活態度などが、家の中をぐるりと見渡してご家族の会話を聞いているだけでわかってしまいます。このような機会が失われていくと、葬儀社は相手の見かけと言い分しか判断材料がなくなり、見誤ることも多くなるかもしれません。

第2章 料金上乗せのブラックな手口

ブラック葬儀屋がご遺族を取り込む手口を前章で述べましたが、彼らの本領はそこから先、「いかに自分たちが儲けるか」というところにあります。この章では、ブラック葬儀屋がどのような手段でご遺族から必要以上の儲けを絞り出そうとするか、その実例をごらんいただきながら、彼らに騙されないための注意点も解説していきたいと思います。

見積書の落とし穴

葬儀の打ち合わせの最後に、担当者による記載事項の説明が行なわれます。終わると施主（費用を負担する人）または喪主は複写の見積書にサインをしてからお客様控えを受け取ります。そこには次ページの表のような一見して不明かつ高額な項目があります。

見積書のこんな明細を見ても、これらがどのようなものなのか、金額が妥当なのかどうか、不必要な項目はないか、逆に必要なものはすべて含まれているのかどうかなど、的確に判断できる人はほとんどいないでしょう。

かつては見積書すら出さないブラック葬儀屋がありました。さすがに今の時代でそれはありませんが、出てきた見積書の内容がこれでは、あまり前進したと思えません。

ブラック葬儀屋にありがちなのは、専門用語を並べたて、たいした説明もなしにすべてを「一式」と書いて済ませてしまうことです。別紙に明細など考えも及びません。

説明を求めようものなら、「うちが信用できないのですか？」と逆ギレする。

たとえ食い下がっても、「葬儀のことを知らない人に、そんなに専門的な説明が必要ですか？」と、開き直る。

「餅は餅屋に任せてください。皆さんが恥をかかないように、ちゃんとやりますから」

などと言うブラック葬儀屋もいます。ちゃんとやるのは当たり前です。お客様は大金を払うのですから。

施主ないし喪主から説明を求められたときに、きちんと説明しない葬儀社はブラックです。そんな葬儀屋に当たってしまっ

■見積書の内容の一例

高級白木7尺三段彫刻祭壇	一式150万円
桐張印籠型棺6.25尺	一式 30万円
湯灌（ゆかん）サービスと高級仏衣	一式 30万円
祭壇と遺影周辺の花飾り	一式 20万円
儀式サービス2名2日	12万円

たら、きっぱり断りましょう。見積もりを出してもらったあとでも契約していなければ、断ったところで何のペナルティも生じません。

葬儀社には見積書の内容の説明責任があり、お客様には説明を受ける権利があります。専門用語はわかりやすく、記載してあることを隅から隅まですべて説明しなければなりません。

ただ現場では、それが深夜に行なわれることもあり、お客様によっては「要点だけでよい」と時間のかかる詳しい説明を避ける人もいるため、いつも詳細な説明をしているわけではありません。場合によっては葬儀の日程と場所と時間だけ決めて、それ以外はまたあとで、ということもあります。

見積額が確定し、喪主の了承を得た時点で見積書は契約書と見なされ、合計金額に相応の収入印紙を貼らなければなりません。必ず施主ないし喪主の署名が必要であり、発注後のキャンセルはキャンセル料の対象となります。もっともブラック葬儀屋が見積書に印紙を貼るかどうかわかりませんが。

ブラック葬儀屋の担当者いわく、

「見積書の内容は予算を出すため、必要なものを積み上げただけです。このとおりになるとは限りません。料理、お返し物、車などの追加もあるでしょう。急に必要になるものもあれば、見積書に載っていても使わないものもある。そういうことも含めて精算のときすべて調整します。見積書はあくまで目安です」

と、自信たっぷりです。

「葬儀屋さん、葬儀はだいたいどのくらいでできますかね」

喪主にそう問われても、

「それは喪主さんの気持ち次第です。かけようと思えばいくらでも高くなり、抑えようと思えばある程度まで安くできます」

などと、まったく答えになっていません。

「そりゃそうでしょうが、平均の話を聞きたい」

「そもそも平均というのは結果論で、同じ葬儀などありませんよ」

ブラック葬儀屋と喪主の会話は平行線です。

喪主が具体的な金額を聞きたいと望んでいるのに対し、ブラック葬儀屋は具体的には言いたくないと、のらりくらりした態度で誤魔化(ごまか)します。

そうかと思うと、はじめに「いくらまで出せますか？」と喪主に聞いてくることもあります。

具体的な説明や金額を提示するのを避けるのは、ブラック葬儀屋の常套(じょうとう)手段なのです。

“上乗せして説明”する巧妙さ

葬儀の打ち合わせでご家庭の宗旨をたずねると、「わからない」もしくは「お寺の檀(だん)家(か)になっていない」と答える方は珍しくありません。

「わからない」という方には、ご親戚に確認していただいたり、宗旨がわかるヒントになるようなことはないか、いろいろとお話をうかがったりするのですが、このような確認もろくにせず、「だったら、うちでお坊さんを紹介しますよ」などと言う葬儀社には要注意です。

中には自分たちが契約しているお坊さんと組んで、ご遺族から必要以上にお金を引き出そうとするブラック葬儀屋もあるからです。

「宗旨がわからないなら、うちで適当なお坊さんを頼んでおきます。でも、あとから違うなんて言わないでくださいね。要はお坊さんが来ればいいんだから。戒名はどうしますか？ あとでつけてもらうと面倒だから、この際だから、つけてもらいましょう。松竹梅の3ランクありますけど、真ん中にしておきましょうか。では、通夜までにお布施を用意しておいてください。真ん中のランクの戒名は大姉になりますから、お布施は戒名を含んで100万円です」

ここでいう真ん中の「大姉」とは、最高ランクの「院大姉」と普通ランクの「信女」の中間という意味です。

「真ん中」と言われてしまうと、一見、無難な提案のように聞こえるかもしれませんが、こと戒名に関しては普通ランクの信女、男性なら信士がもっとも多く、上に向かって少なくなるのが一般的です。

したがって、「真ん中にしておく」などという発言は、いい加減もいいところなのです。普通ランクなら、高くても戒名込みで60万円くらいで済むのですから。

それなら、お坊さんを紹介する葬儀社がすべて怪しいかというとそうではなく、疑ってかかるべきはあくまでご遺族の宗旨をきちんと確認する努力をせずに紹介しようとする葬儀社です。

第4章で改めて述べますが、葬儀社でお坊さんを紹介する場合、社内で規定したお布施の価格表を葬儀社は持っています。きちんとした会社なら、その価格表をお客様に提示するはずです。それをしない葬儀社には要注意です。

また、たとえ社内規定があって、価格表があったとしても、相当高い金額設定をしている葬儀社もないとは言えません。高い料金設定でも、その価格表をお客様にお見せして了解を得るならともかく、悪質なケースでは「機密事項」という名目で価格表も見せずに、社内規定の金額にさらに上乗せしてお客様に説明することもあります。

「宗旨は日蓮宗とのことですが、他の宗旨に比べて日蓮宗は少し高いんです。『院居士』が最高だとして、すぐ下の『院日信士』で100万円、その下の『院信士』で80万円、一般的な『信士』でも50万円を超えることは珍しくありません。でも、うちが紹介する日蓮宗のお坊さんでしたら、交渉して少し勉強してもらいますから、ご心配なく。実績があるから大丈夫です」

この話のおかしいところは、最初に大きく吹っかけておきながら、「自分たちが交渉で値引きさせる」と、あたかも企業努力をしているかのように演出するところです。これを聞いた喪主は何となく安心してしまい、ブラック葬儀屋の言い値に納得してしまいます。こう言われたら、もうそれが適正であるかどうかは考えない人も多いでしょう。

お坊さんにお布施の値引き交渉をするというケースは、ないわけではありません。当社でも、経済状況が極度に悪く、葬儀代もままならない人を見かねて、紹介したお坊さんに理由を話し、規定のお布施を半額にしてもらったことがあります。普通は、決まりですから、といって応じませんが、突然ご主人を亡くされ、3人の幼い子どもと途方に暮れていた方に同情してとった措置です。

お布施については、お坊さんにお渡しするものなので、特別な理由もなく最初から値引きを持ちかけることはまずありません。もし、そのような業者があったとすれば「もしかしたら、最初に提示された料金はわざと高くしているのかも」と疑ってかかったほうが賢明です。

格安に見える葬儀のからくり

主にインターネットで集客を行なっている葬儀社の多くが、直葬(ちょくそう)、密葬、一日葬、家族葬、一般葬などとプランをいくつか用意し、お客様をどこかのプランにはめ込もうとしています。そこに出ている金額は目を疑うほど格安で、水商売の客引きのような危うささえ感じます。

そもそも用語が間違っているサイトもあり、それはまるで葬儀とは何かを知らない素人がホームページをつくり、勝手に名前をつけてプラン化した見本市のようです。

「直葬」と呼ばれる、火葬に立ち会うだけの人の集まりは、葬儀ではありません。これはただのご遺体の処理にすぎません。病院から直接火葬場へ行き、そこで保管してもらって葬儀をせずに火葬する、ということを表すのに「直葬」という言葉が生まれました。火葬場で保管できるかどうかは別にして、葬儀社が預かる場合でも、葬儀をやらずに火葬だけすることをこう呼ぶようになったのです。「荼毘葬(だびそう)」という葬儀社もあります。

また、「密葬」とは本来、後日本葬を行なうという前提で、親しい人だけを集めて行なう葬儀を指し、人に知らせずに秘密裡(ひみつり)に行なう葬儀のことではありません。したがっ

■葬儀の種類

一般葬	家族など近親者だけでなく、近所の方や故人の勤務していた会社や取引先など、故人が生前お世話になった方を招いて執り行なう葬儀の形
直葬	病院など亡くなった場所から直接火葬場にご遺体を運び、葬儀をせずに火葬のみを行なうこと。荼毘葬とも呼ぶ
密葬	家族など、ごく親しい人だけで内々に葬儀を済ませ、後日改めて一般の参列者を招いて本葬（骨葬）を行なう葬儀の形
家族葬	家族など近親者のみで葬式を行なうこと。実際に家族のみで執り行なわれることも多い
一日葬	通夜を省略し、1日で葬儀・告別式、火葬を執り行なうこと。ワンデイ・セレモニーとも呼ぶ

て、本葬を前提にしているのが一般的です。

さらに、「一日葬」は1日で済むからそう呼んでいるだけで、普通の葬儀の通夜を省略した葬儀・告別式です。通夜省略葬とでも言えば実態をよく表しています。

そして、いわゆる「家族葬」は、家族など近親者のみで葬式を行なうことをいい、後日本葬を行なう密葬とは異なります。実際に家族だけで執り行なうことも多く、人を呼ばない葬儀というニュアンスを強く感じる呼び名で、今では何も言わなくても多くが家族葬です。

「もうここまでインターネットを使った葬儀社での価格競争が続くと、1000円でも安くしなきゃ相手が納得しないね。うちはプランに入っていないものを売りつけるしかない。追加じゃなくて、『プラン外です』って言うんだ。大体がどのプランも最低レベルの値段なんだから、言いたくはないが、その最低のレベルで満足している客のレベルも、その程度ってことさ」

とは、こうした風潮を嘆くブラック葬儀屋の担当者。

「プランには金のかかる飲み食いや、お返し物も含まれていない。人が来れば来るほど費用がかさむこの2つがプランに入ってないんだから、これは安く済むわけさ。もっとも、うちはここがねらい目で、追加でいろいろと付け加えることができるので、お客の財布のこじ開けどころでもある」

と、ブラック葬儀屋は売り込みどころをちゃんと見抜いています。

どのプランにも、飲食と返礼品が入っていないこと、祭壇・棺・遺影周辺に飾る花が別料金であること、そして宗教関係の謝礼（お布施など）が別であることが、葬儀代を安く見せられる理由です。

祭壇や棺、籠花(かごばな)や飾り花など、弔問客の人数が増えても見積金額が増えないところだけをプラン化しただけで、プラン外のことをどんどん追加していけば、どんどん請求金額が増えて当たり前です。つまり、葬儀の未経験者は何が必要なのかがわからない（知らない）ので、この〝プラン化〟が有効なのです。

「葬式の打ち合わせを理詰めでやる人なんかいない。今までに何度も葬儀を出している人でさえ、全部を記憶している人はいないんだから。仮に覚えていても、ケースバイケースで毎回同じになることはないと言い切って逃げられる。前にやった葬式の見積書でも見せられりゃ別だけどね」

ネット葬儀でもっとも驚きなのは、宗教関係の謝礼についても明朗会計になっていることです。しかも、世間相場を大きく下回る激安な金額です。一般にかかる費用の半額以下のこともあり、価格設定の考え方を疑います。

そのあたりをブラック葬儀屋にたずねると、こんな答えが返ってきました。

「うちがときどきお願いしてる坊さんは、キリスト教と新興宗教以外なら、どんな宗教でも手配できるそうだ。

何でも、人材派遣と同じ仕組みになっているようで、自分のお寺を持っていない坊さんたちや、住職であっても檀家さんが少ない坊さんたちに仕事を紹介するらしい。昔からあるけど、こんなご時世で増えたかもしれない」

これは、いわゆる「頼まれ坊主」です。お布施の金額は葬儀社が決め、葬儀社は一定の手数料を差し引き、お坊さんに謝礼を支払う。困っている人がいて、助ける人がいて、実際に現場に駆けつける人がいれば、成り立つ商売です。しかも相場より安いときたらなおのことでしょう。一般の人が葬儀業界自体にダークなイメージを持つ理由のひとつは、お布施が高いこと、最近の宗教離れのせいでお経をありがたいと感謝する人が少ないせいではないでしょうか。

「開式のちょっと前に来て、30分もお経をあげて、出棺を見送ってハイ終了。これで3万円もいただけたら最高の商売だね。俺もやりたいよ」

そんなことを言うブラック葬儀屋もいますが、残念ながら誰でもできるわけではないところが、唯一歯止めがかかっている点です。お坊さんになるための資格はありませんが、得度（とくど）して仏門に入った者だけが僧籍を取得できるのです。たぶんブラック葬儀屋には無理でしょう。

器を大きくして稼ぐ手口

また、会場費もブラック葬儀屋が目をつけるポイントとなります。

自社の葬儀会館を持つブラック葬儀屋はほとんどないでしょうが、東京には多くの貸斎場（貸式場）があるので、それらの施設を借りれば済む話です。同業者の斎場を借りることはできませんが、寺院の貸斎場は施設も充実しています。

「東京のように地価の高いところに葬儀会館を建てても、建設費や維持費を考えると20年やっても元がとれない。そもそも毎月10件以上も仕事が入るとは限らない。だったら場所を借りてやったほうが、気楽でいい」

これは、とあるブラック葬儀屋の経営者の弁です。

もっとも、ブラック葬儀屋ならずとも、昨今の規模が小さい葬儀が多い状況では、将来のことを考えて投資を控えたくなるのも理解できます。

でも本当のところは、このあたりに次のような事情があるのではないかと思います。

■東京の貸斎場の使用料の目安

築地本願寺、上野寛永寺、護国寺など都心の有名寺院（使い方にもよる）	80万円前後〜150万円前後
ごく一般的な寺院	30万円〜50万円
少し狭い、設備が古い貸斎場	20万円〜30万円
火葬場の貸斎場	式場の広さによってランク付けされ、公営の場合は地域内住民であれば5万円前後〜、民営では10万円〜

＊貸斎場は式場、お清め室、遺族と僧侶等の控室、その他駐車場を1セットとして、一般的に、通夜開式の3時間前から、翌日の午後2時まで借りることができる

「東京にはあちこちにお寺の貸斎場がある。使用料は高いけど、それを払うのはお客さんで、うちが払うわけじゃない。だからどこで葬儀をやろうと、うちには関係ない。

それに、お寺の貸斎場は広く使えるから、お客さんに大きな祭壇もすすめやすい。お清め会場も広いから、料理も余計にすすめられる。正直なところ、うちにとってはこのほうがずっとありがたいね」

他の葬儀社所有の式場など、自分たちでは手配できない式場を希望するお客様には、会場ごときで逃がしてなるものかとあの手この手を使います。あそこは高い、サービスが悪い、汚い、狭い、料理がまずいなどと難癖をつけるのはもちろん、うちでやってくれればこれくらいサービスするなどと大幅に値

引きした金額をちらつかせ、お客様が根負けするまで粘るでしょう。

火葬場に併設されている貸斎場も、よく利用されています。こういった場所ではスペースの広さや豪華さに差があり、それがそのまま料金の差になります。ただし、各火葬場内の斎場では複数の斎場が横一列に並んでおり、多いところでは、6〜7か所で同時に通夜が始まることも珍しくありません。

そういった場所でのお葬式でも、ブラック葬儀屋は当然、売上げ至上主義丸出しです。

「火葬場の斎場というのは、同じ場所で同時に何件もやっているので、いわば葬式の品評会みたいなもんです。見ていないようで結構お互い気にして見ていますから、せめて世間並みの祭壇を飾らないと、恥ずかしい思いをしますよ」

こうしたブラック葬儀屋の一貫した昔ながらの主張には、けっして屈してはなりません。葬式の規模に合わせた場所選びが基本で、場所が大きくなるとすべてが大きくなりがちです。

小さくても質の高い葬儀はできます。葬儀会館や貸斎場でやるにせよ、自宅でやるにせよ、葬儀社選びがいちばん大事です。

見栄や世間体をくすぐる

東京は飲み食いに関して出し惜しみをしない傾向が強い地域のひとつです。ケチだと思われることに恥を感じるご遺族が多く、自分の器を超えた見栄（みえ）を張るところがあります。

ここに目をつけるのが、ブラック葬儀屋です。

「祭壇と棺が贅沢（ぜいたく）できないなら、せめて飲み食いだけはきちんとやりましょう。親戚の手前や近所の目もある。あまり貧相な料理じゃ仏さんに気の毒だなんて言われかねません。

ましてや途中で料理が足りないのはみっともない。バタバタとあわてないためにも、少し余るくらいの量を用意しておくのがいいでしょう。

もったいないなんて思わずに、来た人に振る舞って、いい葬式だったと褒めてもらえたら、故人も喜ばれると思いますよ」

こんなふうに言われては、きちんとやらないわけにいきません。外聞を気にする人ならブラック葬儀屋の言うがままになってしまうでしょう。

何としても高い祭壇を売り込みたいというスケベ根性が丸見えのブラック葬儀屋は、葬家の見栄や世間体につけ込みます。

「式場の広いところでは、それ相当の祭壇を飾らないとみっともないですね。これでは体育館に跳び箱を置いたようになってしまい、とても人に見てもらうような祭壇ではないです。もっと大きな祭壇を飾らないと、この式場にはまったくつり合いません」

この程度の揺さぶりに動じていては、ブラック葬儀屋の思うままです。

会場について、ブラック葬儀屋が避けたがるのは、自宅での葬儀です。

自宅での葬式は広さに限度があるために、大きな祭壇を設置するのは無理です。葬儀社としてはできるだけ立派な祭壇を飾ってもらったほうが利益が出るのですが、自宅ではそれはまず望めません。

自宅で行なう場合、祭壇のことよりどうやって弔問客をさばくか、どこでお清めの食事を出すか、どこにお坊さんの控え室をつくるかなどのほうが問題になります。

手間がかかる割に、売上げがあがらない自宅葬儀を提案してみるのは、ブラック葬儀屋かどうかを選別するにはいい方法かもしれません。

金持ちには上乗せするのが当然

地元で名家として知られているAさんのご実家でご不幸があり、葬儀が執り行なわれました。葬儀後、請求書を見たAさんは、見積書の金額とのあまりの差に愕然(がくぜん)としたそうです。予想を超えた高額の請求に、普段はおとなしいAさんも憤然(ふんぜん)と葬儀社に説明を求めました。

「見積もりでは、お坊さんへの支払いを除いて200万円くらいだったのに、請求書では300万円。確かに予想したより弔問の人は来ましたが、何で100万円も増えたんですか」

葬儀社が答えます。

「見積もりから増えたのは、弔問客が増えた分の通夜料理と飲み物、お返し物ですね。予想より50人くらい多く来ましたから、用意した料理では足りず、式が始まってからお寿司を80人分頼みました。5人前の寿司桶を16台です。皆さんも召し上がったと思いますが、いい寿司だったでしょう。いつもお願いする寿司屋があるんですよ。飲み物と合わせて20万円くらいですね。

あとは、お返し物が80個余分に出ました。預かり香典が多かったので、いらした人数より多く出たのです。1個3500円のお茶ですから28万円。これでおおむねプラス50万円というところです」

これにはAさんも、「なるほど、それはわかった」と納得しました。しかしそれだけではなかったのです。

「そうそう、式場前の花飾りと祭壇に飾った花は、現場で少し立派なものに変更しました。これだけの葬儀を出されるのに、式場入口の周辺が少し貧相な感じでしたので、豪華に見える花をプラスしておきました。祭壇の二段目と三段目に飾った花もそうですよ。あれがないとちょっと質素すぎるので、花屋に頼んで追加してもらいました」

それを聞いたAさんは驚きました。

「それ、聞いてないけど、追加前との違いがわからない」

Aさんの抗議を無視し、葬儀社はさらに続けます。

「それと、皆さんに喜んでいただいた湯灌（専門業者が故人の体や髪を洗う有料サービス。本来は家族が故人の体を拭くこと）については、はじめはやらない予定だったのですが、とても高価な棺を選ばれたのでやることにしたのです。やはりいい棺には湯灌がつきものと思いましたので」

「確かに感動したけど、やらなくてもよかったんじゃない？」

「花飾りの追加分が20万円、湯灌は高級仏衣つきで20万円です。それに火葬場の往復バスが1台追加になり、精進落としが10個追加になっています。バスが5万円、1人前1万円の懐石料理ですから、料理と飲み物で10万円を超えました」

事前に知らされていなかった支出の数々に、Aさんは反論します。

「バスは追加しなくても1台で乗り切れたんじゃない？　料理も精進落としの席につかずに火葬場から帰った人がいたので余っていた。そもそも追加料金が発生することを、喪主や遺族に相談もせずに勝手に加えるというのは……」

「Aさん、全体的に言えることですが、何が起こるかわからないため、その場その場で臨機応変に備えるのが葬儀社の心得です。金銭的に余裕がないなら別ですが、おたくのような場合はきちんとされることが肝要です。葬式の話はずっと残りますよ。恥をかかないためにも必要でした」

何か葬儀社とかみ合わないAさん。しかし、使ってしまったもの、食べてしまったものの、すべて終わってしまったものなので、もう取り消しも返品もできません。すべて葬儀社が勝手にやったことと言えばそれまでですが、先を見通してやってくれたいい判断もあったと思わなくもないAさんは、一概に責められないもどかしさがあったようです。

でも、実はここがブラック葬儀屋のねらいどころでした。

弔問客が増えて追加になる金額は、どこの葬儀社がやっても当然発生します。予想を超えて人が来たのですから仕方ないことです。

ここでの問題は花と湯灌の追加です。金額も高いのでなおさらです。

私は頼んでいないと言い張り、その分はいっさい払わないと突っぱねることもできたかもしれません。しかし、実際に湯灌には感動したし、花飾りも見事で参列者からもお褒めの言葉をいただいたことを考えると、払わざるをえない状況です。

ブラック葬儀屋は、そのことをよく知っています。ですからこのような展開になることは、はじめから読めていたのです。

僧侶の人数を増やすブラックな手口

この他のケースでは、葬儀社に頼んだお寺から、お坊さんが４人で来たので、予想以上のお布施がかかってしまったという消費者からの苦情を聞いたことがあります。

一般にお坊さんはひとりで通夜と葬儀を行ないます。４人来たのは通夜ではなく葬儀のほうですが、当然ながら戒名も院号つき。通夜の読経が20万円、葬儀の読経が４人で80万円、戒名が１００万円、しめて２００万円なり。これに送り迎えのハイヤー代が２日で約10万円です。

４人来たからといってその場で３人帰れとも言えず、あとで葬儀屋に文句を言うと、

「おたくは実家が旧家でそれ相当の家柄です。いくら実家とは違うといっても戒名の格式はいっしょです。こっちは集まった親戚の手前もあると思って手配したんですよ」

と、ブラック葬儀屋の担当者はひるむ様子もなかったそうです。

そういえば以前、私が葬儀を担当したお客様のときにも、お客様の檀那寺（菩提寺）からお坊さんが３人来たことがありました。このときは、お坊さんとのやり取りはお客様が直接なさったので、３人のお坊さんがいらしたことをご遺族は了解していました。

通夜は軽装の若いお坊さんがひとりで勤めましたが、翌日の葬儀は緋の衣を着た年配のお坊さんを筆頭に3人で来られ、楽器をジャンジャンと鳴らし、すばらしいお経を1時間かけて朗々と読み、悠然と引き上げていきました。

読経が長いと聞いていたので出棺に問題はありませんでしたが、あとで喪主からうかがったお布施の額を聞いて驚きました。もちろん院号の戒名でしたが、全部で300万円とのこと。式場は新宿区内でしたが、檀那寺があるのは横浜市。通夜・葬儀とも横浜からお坊さんの送り迎えはすべてハイヤーだったので、こちらもバカにならない出費だったことを思い出しました。しかし何より、それを嬉しそうに話す喪主の笑顔が忘れられません。

こんな人もいるのです、世の中には。

花祭壇はおいしい？

「ちょっと、それ少し残しておいてくれない？」

出棺が終わり、ガランとした式場に大きな声が響きました。

花祭壇を片付けている仕事仲間の花屋さんと、担当の葬儀屋の職員の会話です。

「このあと、そばで飾りがあるんだけど、いくつかそっちにまわしたいな」

「いいですよ、好きなのを選んでください」

「いや、プロに任すから、活きのいいやつを頼むよ」

「活きのいい」とは、まだ元気で使えそうな花のことです。このブラック葬儀屋は、花を使いまわして経費を浮かすか、あるいは、見積もりにない花を足して、立派な祭壇に見えるよう企んでいるのです。

前者であれば、単純に仕入が少なくて済む話ですが、実際には使いまわしを見越して発注するのは難しく、仕事が連続していなかったり、次の式場が離れていたりすると、間に合わないことも出てきます。しかし、この話のように、タイミングが合えば使いまわすことができ、結果として葬儀屋の儲けが増えることになるのです。

後者の場合は一見、悪いことのようには見えませんが、「私の気持ちで花を増やしておいた」「通常よりサービスした」とお客様にアピールすることでよい印象を与えておき、クレームや苦情の封じ込めに有効な戦略です。

冠婚葬祭では花は切っても切り離せません。最近の葬儀では、昔ながらの白木の祭壇より花祭壇のリクエストが多くなっています。葬儀の花といえば、木札に依頼人の名前を書いて祭壇といっしょに飾る籠花がほとんどでした。専用の籠に白菊を20～30本活けてアクセントに蘭を1本入れたものが代表的な籠花のスタイルです。

籠花は札を差し替えればどこでも使えるので事前に用意しておくことができ、札が見やすいように、上手に早く並べることが要求されました。ところが花祭壇では、まずデザイン性やセンスが要求されるため、花屋さんも人材の養成に苦労しています。

白木の祭壇は、葬儀社が一式を購入してレンタル料をいただくというのが基本ですが、花祭壇はレンタルではありません。花屋さんが仲買人から花をまとめて買い、自社の冷蔵庫でストックしながら籠花や花祭壇用に加工します。生ものですから、売れなければ廃棄処分で一銭にもなりません。こうしたリスクを背負いながら注文を受けるたびに、ひとつひとつ手づくりしているのが現状です。つまり調理するのとまったく同じで、花祭壇は料理のようなものなのです。

前述のケースは、使用した花祭壇の花をばらして処分する過程で、きれいな花だけ選別して他に流用するという場合でしたが、これよりもさらに悪質なのは、使用した花祭壇の花をほぼそのまま別の方の葬儀の祭壇に流用したり、籠花に使うなどして使いまわすという手口です。

花祭壇は多くの花のブロックからできています。水を含んだスポンジ状の花材に、たくさんの切り花を活けてデザインされた小ブロックを並べ、全体としてひとつのデザインになるよう仕上げます。つまり、やろうと思えば、この小ブロックごと他の葬儀で花飾りとして転用できるのです。

「どうせ生ゴミとして捨てちゃうんだろう？　今はものを捨てるのも金がかかる時代なんだから、うまく利用したほうがいい。リユースだよこれは」

と、ブラック葬儀屋の社長はうそぶきます。

確かにリユースですが、再利用された花に代金を払うお客様の身になっていません。お客様にはわからないこととはいえ、これはやってはならない行為です。花祭壇は料理のようなものと言いましたが、お客様が残したものを、同じものをオーダーした別のお客様に出すのと同じなのです。手をつけていなければいいとかの問題ではありません。

このブラック葬儀屋は常習犯で、これが当たり前と思っているところが非常に悪質です。彼らにとっては、花祭壇は「おいしい」のです。

花祭壇は、実は花屋さんにとっては大変な仕事であり、一般の葬儀社にとってもあまり儲からないと受け止められているのは事実です。それはレンタルではなく、オンリーワンを販売するため、仕入が高くつくからです。花の原価、運搬費、技術料を含む人件費、廃棄料などの経費を積み上げ、それを花屋と葬儀社両方に利益が残るように分配するとなると、これは悩ましい限りです。

残念ながら、花祭壇は価格設定が曖昧で、A社が100万円で販売している花祭壇とほぼ同等と思われる祭壇を、B社では150万円で販売していることもよくあります。葬儀社の人間や、すでにある機材だけでできるものではないので単純に高い安いと言い切れないところがあるのです。

しかし、「もったいない」「どうせ捨てるから」と再利用する行為は、ときとして許されることもあります。もともと代金をいただいた花飾りがあり、そこにもったいないので人知れず足しておいたなら、特に問題になりません。あるいは、金銭的な余裕がなく、花飾りを注文できなかったお客様に対し、さり気なく祭壇や看板に飾る行為は許される範囲だと考えます。こういうリユースは許容範囲ではないでしょうか。

「設営費」は〝稼ぎどころ〟

今でこそお葬式は葬儀会館や専門の斎場でやるのが当たり前になりましたが、東京の下町では、かつては自宅や近所にある自治会館、町会会館で行なうのが一般的でした。山の手ではお寺でやる傾向が強く、檀家になっていなくても、お寺の貸斎場を利用したものです。

その際に必ず設置されたのがテントです。受付や返礼品渡し所、お焼香所、お清め所など、用途に応じて設営され、ひと目でお葬式をやっているとわかったものでした。

テントは三方を風よけの幕で覆い、内側に「鯨幕（くじらまく）」と呼ばれる白黒の幕を張り、電球の照明をセットし、広さに応じて白いクロスを掛けたテーブルと折りたたみイスを用意します。風が強ければテントをロープや鉄製の重りで固定したり、寒いときは石油ストーブを用意したりします。ここまでやってはじめてテント代として料金がいただけるわ

■専門業者がテント設営した場合の料金の目安

受付テント（3.6m×5.4m/12畳）、照明、三方幕（風よけ）、受付テーブル6台、折りたたみイス12脚つき	100,000円
電源用バッテリー（電源がないとき用）1台	50,000円
石油ストーブ（灯油満タン）	2,000円
ジェットストーブ（灯油満タン）	10,000円

＊鯨幕の費用は三方幕に含まれる

けです。

テント代は良心的な葬儀社で大テント5万円くらいです。この中には、テント内で使うものすべての運搬費、組み立てと撤収費が含まれます。ちなみにストーブは別料金です。

ところが、これを葬儀社が自分たちでやらずに専門業者に外注すると、お客様への請求額がピンと跳ね上がります。ブラックな葬儀屋は、この「ピンと跳ね上がる」ところに目をつけるのです。

これも、たいていの場合、見積書または請求書には「テント設営費」「テント一式」などと書かれており、明細がないと実態がわからない項目のひとつです。これに大きな看板や照明などを組み合わせて、ざっくりと「屋外設営費」と書かれたら、もう素人にはお手上げでしょう。実際に「屋外設営費」で50万円などという金額は、今でもザラにあります。

たとえば、大きな寺院の講堂などを借りて弔問客が500〜1000人も来る大型葬儀を請け負うと、受付テント、通路用のテント、正面の大型テントなどまさにテントだらけで、これらすべての設営に半日がかりになることもあります。そこには専門業者がいて、仕事は彼らに丸投げという形になります。こういった設営にも業界の相場があるので、設営業者によって大きな差はありません。つまり、葬儀社がそこにいくら上乗せしてお客様に請求するかが分かれ目になるのです。業者への発注金額は50万円で、お客様への請求金額が100万円ということもあります。テント設営は、自分たちは何もしないで利益を得られる、まさに儲けどころなのです。

設営費に絡んで耳にしたのは、相撲部屋で葬儀が行なわれたときの話です。

亡くなったのは親方の息子さんでしたが、どうしても稽古場を式場にしてやりたいという親方の意向をくんで強行しました。土俵を板で覆い、その上に祭壇を飾り、玄関先から土足で入れるよう通路をつくるところまでは葬儀社が自分たちでやりましたが、受付テントには手がまわらず、専門業者へ頼みました。そして、葬儀社は自分たちが努力した分を屋内設営費として、テント設営費とは別の名目で請求しました。

「この屋内設営費20万円とテント設営費50万円というのは何ですか」

請求書を見たおかみさんが、ジロッと担当者を睨んで言いました。

「屋内設営費は、土足で上がれる通路や式場、それに会場に張った幕などの資材の実費と人件費です。テントは受付に2張りと、お返し物用に1張り分の設営費です」

質問を予想していた葬儀社は即答します。

「あなた、部屋の中の設営は祭壇の料金に入ってるんじゃないの？」

「いえ、祭壇と設営費は別です。通常では祭壇を置けない場所を何とか工夫してやることになったので、普通は2人でやる仕事を6人でやりました。でないと終わらなかったんですよ」

それは仕事なんだから当たり前でしょう、と言いたそうなおかみさんでしたが、

「それにしても20万円は高いですね。それと、テントが3張りで50万円もどうかと思うし。町会のテントを借りれば、近所の人が手伝ってくれて、テント代はかからなかったんじゃない？」

と、焦点をテント設営費に移して、どうしても納得できないと言います。が、葬儀社も負けていません。

「町会はテントだけ張りますが、それだけでは役立たずで、防風幕や照明、テーブルやイスは結局うちが用意しなければなりません。だからはじめから全部請け負ったんですよ」

と、ついに町会は役立たずとまで言ってしまいました。

この話はおかみさんが納得しないまま保留となり、葬儀社は宿題を与えられて帰りました。

「いや参りましたよ。高いの一点張りで、明細がなければ払いませんとピシャリと言われちゃ、もう私では手も足も出ません」

担当者は社に戻って社長に報告しました。

実はこのブラック葬儀屋は、少し料金を上乗せしすぎていたのです。

結果として、社長は仕方なく明細書をテント設営の業者に出させ、おかみさんに提出する明細書には自社で設営のすべてをまかなったことにし、「テント張り○万円」「鯨幕〇万円」などと自分のところの規定金額として記入し、最後に「特別値引き」を入れて上乗せ分を減らして請求書を書き直しました。その結果、50万円が30万円になりました。

ブラック葬儀屋はテント3張30万円で手を打ったのです。しかしあとから聞いたところでは、さらにおかみさんに突っ込まれて5万円を引くハメになったそうです。おかみさんからすれば、値切り倒して半額にしたわけです。

なぜこのようなブラック葬儀屋に当たってしまったのか。おかみさんには別の葬儀社に心当たりがあったようなのですが、どうも部屋の後援会関係から紹介されて、そちらに頼めなかったとのこと。ブラック葬儀屋は、このおかみさんにとっちめられたわけです。

第3章 ブラックな葬祭関連アレコレ

これまではブラックな葬儀屋について述べてきましたが、葬儀業界にかかわるいろいろな業者の中にも、ブラック葬儀屋に負けないくらいブラックな人たちがいます。中には善意で集まった人たちの行動が、結果としてブラックな話になることもありました。この章では、そんな人たちのケースをごらんいただきたいと思います。

名士に群がる人たち

どこの町にも「名士」と呼ばれる人たちがいます。大きな家に住み、いかにも裕福な暮らしをしているように見えます。たとえかつての勢いをなくしていたとしても、まだ余力を残しているお宅が大半です。

このような名家には、取り巻き連中ならぬ「取り巻き葬儀屋」がいることも少なくありません。

「こういう家の当主というのは育ちのいい世間知らずが多いので、うまく話をもっていけば、かなりの葬式になる。ここはひとつガッチリと儲けさせていただきましょうか」

と言わんばかりに目をギラギラさせているのです。

とある町の名家の長男であるBさんが、お父様を亡くされたときのことです。以前から頻繁(ひんぱん)に出入りしていた地元の葬儀屋がここぞとばかりに駆けつけ、Bさんにこう耳打ちしました。

「おたくは名家で、地元でも数本の指に入るほどの資産家です。弔問の方も大勢来られるし、恥をかくような葬式はしちゃいけません。うちも引き受ける以上は恥ずかしいことはできません。まあ、限度はありますけど、できる範囲で目一杯やらせていただきます」

日ごろお世話になっている近所の人からも、

「Bさん、このあたりの人たちは皆、あなたの爺さんの代から世話になっている。私たち町会も全面的に応援するから、何も心配することはない。任せてください」

などと言われると、断る理由もありません。

こうしてズルズルと人任せのまま葬式の打ち合わせが行なわれ、喪主であるBさんはただうなずくだけになってしまいました。

そうして式の当日、葬儀屋を先頭に葬式の準備が始まりました。

式場は自宅から2キロほど離れたB家の檀那寺。立派な本堂の中央に、大きな白木の祭壇が組み立てられました。三段に並べられた供花(きょうか)が左右合わせて50基あまり。スポットライトに照らし出された祭壇や花のきれいなこと、立派なこと。

「いや、本堂が広いから、あの大きな祭壇が小さく見えるほどだ。これでも寂しいくらいだから、もうひとまわり大きな祭壇でもよかったかも」

などと、葬儀屋の担当者が残念がっています。

本堂の正面入口には、雨や風の心配がないように大きなテントが張られました。受付から本堂まですべてテントに覆われ、ライトに照らされた通路がお寺の回廊のようです。

「予想では500人くらい弔問客が来るので、通路をきちんと整理して、受付から焼香が終わるまでをスムーズにするように」

と、順路案内のために町会や消防団から人を借りること20人あまり。

通夜振る舞いは200人が座れる檀家用の会場で、豪勢な通夜料理が並びました。近所の寿司屋と酒屋、葬儀屋さんおかかえの仕出し料理屋とギフト屋が皆大忙しです。そこに町会婦人部から配膳の手伝いが20人あまり。最後に、受付係の町会役員たち20人あまりが勢ぞろいです。

「料理はざっと300人前用意してあるから心配ないけど、手伝いの人だけでも60人以上いるし、B家の遺族・親戚で40人はいる。弔問の人が大勢上がっていくようだったら、早めに寿司の追加を頼まないと、通夜の終わりに間に合わないからね」

これはこれで葬儀屋の的確なアドバイスですが、それにしてもすごい量です。

ちなみに、弔問客（お手伝い含む）、遺族・親戚の合計が540人くらいとして、おおむねその6掛くらいが通夜振る舞いの料理として適切な量です。つまり300人前の料理は、ここでは適切な量ということです。

「こういう大きな葬式では、決断の遅さが失敗のもとになる。少しくらいの予算オーバーはつきもの。足りないと思ったらすぐに言って。喪主にはあとから報告しておくから」

葬儀屋のこの発言は確かにもっともなのですが、お金を払うのは喪主です。事前にこのように喪主と約束していないのであれば、やってはいけないことです。

あとあと責任のなすり合いにならないように喪主と話をつけておくことこそ葬儀社の

仕事であり、しておかなければ葬儀社のミスとなります。とはいえ残念ながら、事前に話がないまま発注したとしても善意と解釈され、結局は喪主が支払うことになる場合がほとんどです。

さて、この夜、通夜に600人近くが弔問に訪れました。喪主は名士としての顔が立ち、満足気です。

大勢のお手伝いのおかげで混乱はなかったのですが、通夜振る舞いの会場だけ料理が間に合わず苦労したようでした。寿司屋は大繁盛で、5人前の寿司桶を追加で40台とったとのこと。この晩は遅くまで騒いで大宴会になったようです。

翌日の葬儀と告別式も滞りなく終わり、火葬場からお寺まで戻ってきたところで初七日の法要です。火葬場には遺族・親戚40人と町会役員15人が同行し、お寺で帰りを待っていた手伝いの人を含めた関係者が20人あまり。葬儀社は気が利くことに、この75人分の料理を用意して待っていました。

これは一般に、精進落としと言われる会食で、最低でもひとり3000円はする弁当を用意します。8000円くらいまで奮発する方もいるくらいです。このときは、手伝いの女性たちが非常によくやってくれたので、葬儀社がその労をねぎらうため、わざわざ残ってもらったとのこと。普通なら残らずに帰るはずの20名です。

「最後まで粗相のない葬式をという喪主の希望だったから、ここはお大尽の心意気を見せてもらおうと、手伝いの人たちの分も少し余分に準備した。5000円じゃ普通の人と同じだから、7500円にした」

この葬儀屋、まるで自分が葬式を出しているような気になっています。

この話がやけにリアルなのは、当のBさんから私が直接聞いた話だからです。

この5年後、B家でまた弔事があり葬式を出すことになったのですが、もう前回と同じことはできないし、やる気もない。そこで地元の葬儀社に頼まずに私のところへ電話があり、私が葬儀の打ち合わせに出向いた際、話をうかがったのです。

Bさんは結局、5年前の葬儀でいくら払ったのでしょう。

葬儀社へ葬儀代として500万円、2日間の料理代が150万円、返礼品代が100万円、酒屋さんへ20万円、お寺さんへのお布施が100万円、会場費が30万円。その他心づけ10万円、合計約910万円でした。会場費は本堂、お清め場（3部屋）などすべての部屋を借りた使用料です。会場費の30万円は都内では相場でも、この町の相場としては少し高い気がしますが、一般に葬儀代とは別料金です。

集まったお香典は延べ６５０人として、４００万円は超えていたと思われるので、B家の実質的な負担額は５００万円ほどと考えられます。

葬儀社はまるで下請けに仕事を割り振る工務店のように、すべてを手配しました。花屋、花環（はなわ）屋、テント設営とレンタル什器（じゅうき）・備品の会社、料理屋、酒屋、ハイヤー、バス、霊柩車（れいきゅうしゃ）、火葬場の申し込み、故人の体を洗ってくれる湯灌屋などです。ひとりで操ったその人数は50人を超えるでしょう。

ごく普通のお葬式でも手配先はこの半分以上ありますので、お寺など広い場所での葬儀では、実際にこのくらいの人数が黒子のように動きます。ですから、B家が名家であるところに乗じて、少々大盤振る舞いしすぎた感は否めませんが、動員した人数としては確かに妥当だと考えられます。

この葬儀の場合、より問題だったのは手伝いで入った地元の人たちだと思われます。「関係者」という名目の彼らの飲食費がバカにならない金額となっていたのです。とはいえ、たぶん葬儀社の大盤振る舞いに便乗したという負の相乗効果のせいで、地元の人たちに悪意があったわけではないでしょう。

ですが、勢いというのは恐ろしいもので、「よりグレードの高いものを」「より多くの準備を」という方向に意識が向いてしまい、ブレーキをかける人がいなかった、もしくはブレーキが利かなかった結果です。

ちなみにこのお葬式では、火葬場から帰って来る人を待たずに出棺後すぐに帰った手伝いの人たち10人は、葬儀屋さんが手配したような重をみやげに持って帰ったそうです。しかも自分の分だけではなく、それぞれが家に残した留守番の人の分もいっしょに。

なんとすごい話なのでしょう。

打ち合わせするだけでぼろ儲け？「葬儀ブローカー」という職業

都下の大手病院の霊安室でのことです。

ご遺体はすでに病室から霊安室へ運ばれたあとで、私はご家族がそろうのを待っていました。

そこへさっそうと現れたのは、以前いっしょに働いたことのある先輩のSさんです。

「あれ、尾出くんじゃない。久しぶりだね」

「いやSさん、お元気そうで。何でここに？」

「この病院に入っている葬儀社に呼ばれて来たのさ。きみは？」

「私どもはこちらのご家族から、うちに葬儀をお願いしたいって電話をいただいたんですけど」

Sさんにそう告げると、突然Sさんは私の袖（そで）をつかみ、別室に私を連れて行ったのです。

「尾出くん、相談なんだけど、このお仕事、うちにまわしてくれない？」

「え？　どういう意味ですか？」

「きみは会社に戻って、『仕事になりませんでした』と報告すればいい。『病院に行ったが、他の家族が病院の葬儀社に頼んじゃった』って。そうすりゃこの家の葬儀代の10パーセントを謝礼で出すよ、きみ個人に」

「何言ってるんですか。お客様がうちの会社を指名されているんですよ。できるわけないじゃないですか」

「頭かたいな。謝礼がいくらになるか考えてみてよ」

「いや、いくらSさんのお願いでも、それはダメですよ」

多少の押し問答を繰り返しましたが、私は頑として断りました。こういう仕組みがあるんだ、ということを、このときはじめて知りました。

その後聞いたところによれば、Sさんはフリーの葬儀営業マンで、営業担当者のいない小さな葬儀屋さんと組んで、葬儀の打ち合わせ専門でやっているとのこと。病院でご遺族と会い、その後葬儀の打ち合わせを行ない、見積もりを出して終了。あとは契約先の葬儀屋さんに丸投げして、葬儀代金の30パーセントをもらうそうです。したがって、常に相場よりも高い見積もりを出すそうです。私への謝礼と提示した10パーセントは、彼の取り分から差し引いて出すということだったのでしょう。

また彼は、お坊さんの紹介に関することが、もっともおいしい仕事だと言っていました。

彼は独自のお坊さんネットワークを持っており、どんな宗旨のお坊さんも紹介できるそうです。個人経営の葬儀社などから葬儀の打ち合わせだけの依頼を受け、行った先でお坊さんの紹介を依頼されると、葬儀社ではなく自分のネットワークを使ってお坊さんを手配します。お坊さんからは、たとえばお布施の20パーセントをキックバックとして受け取るという仕組みです。

葬儀代金の30パーセントと、お坊さんからのキックバックを合わせると、1回の仕事で数十万円を手にするわけです。

Sさんは、どうやら葬儀社に在籍していたときから、会社に内緒でお坊さんを紹介し、キックバックを受け取って自分の懐に入れていた前科があったようです。会社勤めでは手にできないまとまった小遣いなので、魔が差したのでしょうか。Sさんはいっしょに仕事をしていた当時は成績優秀な営業マンでしたが、組織に馴染(なじ)めず辞めていったのです。

押し問答のあと、私はSさんから、葬儀ブローカーの仕事をいっしょにやらないかと誘われました。おもしろいように金になるから、と言われましたが、名刺をいただいただけで、その後いっさい連絡をとりませんでした。

それにしてもあのときのSさんからの提案には、一生忘れることができないほどの葛藤がありました。もし私の耳元で悪魔がささやいていたら、思わずSさんの誘いに乗ってしまったかもしれません。一介のサラリーマンにとってはSさんが垣間見せた世界は甘美なものでした。

加入時の説明不足が互助会不信の一因か

互助会保証株式会社（互助会の経営が困難になったとき、加入者に被害が及ばないようにするため、会員から預った掛金を保全する参加互助会と金融機関でつくった管理会社。全互助会の約60パーセントが加入）によると、平成26年3月末現在で全国に283社の互助会があるとされています。もっとも多い昭和61年には415社ありましたが、契約口数や会員数、前受金（預かっている掛金）の合計はピーク時より増加しています。このことから、30年かけて淘汰されながら成長し続け、現在に至った様子がうかがえます。

昭和23年に横須賀ではじめてつくられた互助会は、その後各地で雨後の筍のように誕生しました。会員は冠婚葬祭の費用の一部として毎月互助会へ積み立てておき、互助会はそのお金を運用して会社経営に充て、冠婚葬祭の儀式に必要な備品や道具などを購入します。そして、そのときが来たら会員の依頼に応じて人的、物的サポートをするのが互助会のシステムです。互助会は、高度成長と歩調を合わせて増え続けました。

しかし、会員から預かった掛金を保全する法的規制がゆるく、倒産時の不信感がぬぐい切れなかったため、昭和47年に互助会事業そのものが通産大臣の許可制になりました。ここから消費者を守り、安心で安全な互助会の成立へと大きく舵（かじ）が切られたのです。

互助会の葬儀に関するクレームでもっとも多いのが、次のような内容です。

「加入のときは掛金でできると言われたのに、実際に葬儀の打ち合わせが始まったら、あれもこれも実費がかかることがわかった。話が違うと思ったけど、準備がどんどん進んで引っ込みがつかず結局お願いした。何だか騙されたようで納得がいかない」

加入したときに、掛金でどこまでカバーされるかの説明を受けたはずなのですが、覚えていないという会員が多く、また本当に説明を受けていないという例もあるのが現状のようです。

実際には、各地にある互助会はそれぞれが別会社なので、サービスの範囲は同じでも、数量や品物のランクが少し異なることがあります。また、同じ互助会の中でも掛金によるプランで内容が異なることもあります。掛金が適用される範囲として一例をあげると、①祭壇、②棺、③枕飾り（仏様の枕元のお線香をあげられる支度）、④遺体用のシーツ類やドライアイス2日分、⑤普通の霊柩車（10キロメートルまで）、⑥受付用の備品、⑦火葬届け代行などで、その他に一部の商品に会員割引が適用されます。

しかし、この内容だけではごく一般的な葬儀はできず、互助会の掛金でまかなえるのは基本的にそれら儀式にまつわることのみです。互助会だけでなく小さな葬儀屋さんも同様に、葬儀を儀式と火葬とを中心に捉えています。昔から葬儀には料理やお返し物があったはずですが、それらは弔問客の人数によって費用が変わるため、掛金に含まれないのが常識でした。儀式にかかる費用は弔問客の人数に左右されない、ある程度固定された費用であるため、それを積み立てておいた掛金で充当して、葬儀時の現金払いを減らそうと考えたのが互助会の発想（割賦販売）の原点です。

つまり騙したのではなく、当初からそういう設定になっていたのです。

しかし、互助会がその説明をきちんとしていない、またはお客様が説明を受けたが覚えていない、掛金でお葬式の全部ができると思い込んでいた、ということが非常に多いのです。これは入会時の説明やアフターフォローなどに問題があると指摘を受けても仕方がないことです。

今は葬儀の打ち合わせをする前に、会費と会員のメリットの説明をします。たいていの会員はその説明で料理やお返し物が別であることを理解してくださり、現場では解決していきます。しかし残念ながら、不満をお持ちの会員がいらっしゃるということも事実であり、その場合、言った言わない、聞いた聞かないでは問題の解決になりません。納得いかなければ会員を辞める（解約）しかないでしょう。

そして次に多いのが、この解約時のトラブルです。

「掛金で全部できるって聞いたから入ったのに、電話で問い合わせたらそれは一部だけだと言われた。だったらすぐ辞めると言ったのに、それっきり手続きの書類を送ってこない。催促したのにまだ来ない」

「いつか使うことがあると思って入ったけど、急に物入りになったので、積み立てた掛金を返してもらおうと電話したら、あの手この手で断られて困っている」など。

このように、催促したのに解約手続きの書類を送ってこなかったり、あの手この手で返金を断るのは問題です。ただ互助会としては会員をできるだけ辞めさせないように説得するのも仕事のうちであり、辞めたい人と辞めさせたくない人との見解が異なるのはやむをえないと思います。

また、解約時に解約手数料がかかることで、もめるケースも少なくないようです。

互助会の場合、入会した時点で営業マンなどの人件費がかかっているため、解約しても全額返金はできないのです。これは保険の解約と同じ考え方で、お客様が掛金を貯金と勘違いしているため、互助会に銀行や郵便局のような対応を求めるのです。保険などの途中解約は手数料というより、ペナルティとしての性格が強く、高額な対価を要求されます。しかし、互助会の場合はペナルティではなく、かかった経費を要求されます。

それを「解約手数料」として返金から差し引く金額の多少が消費者センターを通じて問題視されました。その結果、解約手数料は互助会によって金額が異なりますが、蓋然性のある金額に改めるよう国から指示が出ましたので、今後すべての互助会で金額の見直しが行なわれます。

ブラック葬儀屋は、こうした互助会に対するクレームを自社に有利になるネタに使います。たとえば次のような口上です。

「互助会の掛金分をうちが買い取ります。互助会に入っていても祭壇とか棺がタダになるだけでしょう？　うちだったら互助会の祭壇よりずっと立派な祭壇を飾って、その掛金の分を値引きします」

互助会の掛金を買い取るともちかけるのは、彼らの常套手段です。この方法だと、祭壇と棺の値引きだけで、自社の腹はまったく痛みません。つまり、お客様に最初に祭壇や棺について、正価より高い金額を提示し、そこから「掛金買い取り分の値下げ」と称して、きちんと利益があがる額の見積もりを出すのです。彼らには価格はあってないのですから。ちなみに「買い取る」というのは、そのお客様が互助会に払った会費と同額を値引くという意味で、現金で返すということではありません。

ブラック葬儀屋は解約に応じない互助会に業を煮やす人にも同じ手を使います。本来なら同業者が他社の悪口を言うのはマナー違反ですが、互助会に疑問を感じていたり、迷っていたりする人たちを相手に、ブラック葬儀屋はここぞとばかりに悪口を吹聴するのです。

ただ、ブラック葬儀屋に真似ができない互助会の利点は、自社の葬儀会館と質の高い人的サービス提供です。ひとりくらい気の利いたスタッフがいたとしても、皆が同じレベルに達していなければ、昨今のお客様はすぐに感じ取ります。物に対するより、人に対する感じ方が敏感であり、ブラック葬儀屋では互助会に太刀打ちできないところです。

葬儀業界は専門葬儀社、互助会系、ＪＡ系、その他の４つに分かれます。互助会以外の葬儀社のほうが数では圧倒的に多いのですが、売上げシェアは専門葬儀社と互助会系がそれぞれ40パーセントとほぼ同じ規模で、それ以外が20パーセントとなっています。

互助会の売上げシェアが高い理由は、会員を囲い込んでいるため資金が潤沢であり、そのために大型の設備投資ができ、一企業として経営管理が行き届いているからです。人材教育にかける時間や費用が優先される企業風土ができているため、今後もますます互助会でない葬儀社との差が広がる可能性があります。

互助会の葬儀に対しては賛否両論あり、最後に決めるのは消費者ですが、家族葬などの小さな葬儀が増えれば増えるほど小さな葬儀社は経営に行き詰まり、果ては廃業かどこかの互助会に吸収されるのが、ここ数年の傾向です。これは小さな互助会にも言えることで、大が小を食ってますます大きくなっています。

ブラックに要注意!? ペットの葬儀

ペット葬儀は、実は業界では、これほどブラックな葬儀はないと言われるほど困った分野です。

一般の葬儀社と同様に開業に資格は不要で、なろうと思えば誰でもペット葬儀屋になれます。ペットの葬儀といっても基本は火葬してお骨にするだけですが、それに関連する棺、骨壺（こつつぼ）、位牌（いはい）、仏壇、墓などの商品が豊富にあり、業者はオプション販売で利益を得ているのが実態です。

ペット葬儀業界のブラックな話の代表的なものに、次のようなものがあります。

「あるペットの葬儀社へ犬の火葬をお願いしたところ、すぐに業者が自宅に移動火葬車でやって来た。業者に遺骸を預けて火葬が始まったが、その火葬中に集金に来たので、電話で聞いていた料金を払おうとしたら、これじゃ足りないと言われた。電話で聞いていたより犬が大きいので追加料金がかかるという。依頼人はきちんと大きさを伝えたはずだと要求を蹴ったが、ではすぐに火葬を中止するが生焼けでもいいのかと業者に脅かされ、依頼者は恐くなって払った」

ペットの葬儀情報をネットで検索すると、クレームの例として同じ内容の話があちらこちらで登場することから、業界内では広く知られていると思います。

これと似たケースで、「見積もりを出してもらってから火葬を頼んだのに、終わってから見積もりよりも高い金額を請求された」等の苦情が国民生活センターに寄せられています。

この他にも、

「受け取った遺骨が違う動物の骨だった」

「1体だけで火葬してもらうはずが、他といっしょに火葬された」

「大型犬なのに火葬後に返された骨がびっくりするほど小さくてショックだった」

などというケースもあるようです。

先のブラックな話の中に、移動火葬車という耳慣れない名前の車両が出てきましたが、この特殊な車両が世の中に登場したのは1989年（平成元年）ごろと言われています。それ以来、「訪問火葬業」という新しいスタイルのペット葬儀が誕生しました。依頼者のもとへ業者が出向き、その場で火葬ができる画期的なスタイルです。

日本は世界でも有数の火葬国であるため、もともと火葬炉については高い技術があり、それを小型化して一般の車に積み込んだものが移動火葬車です。

移動火葬車は、大型ワゴン車などを改造し、灯油などを燃料とした火葬炉と排煙装置が設置された車です。燃焼温度を800〜1000℃まで上げることができ、煙や臭いは出ません。したがって、車が停められればどんな場所でも火葬ができます。1〜2時間あれば、たいていは火葬できるようです。

こうして訪問火葬業者は次々と生まれ、時代の要望もあって急速に伸びていきましたが、ペット葬儀の件数が増えた分だけ国民生活センターへの苦情も増え、2007年にようやく訪問火葬業の業者による業界団体「日本ペット訪問火葬協会」ができます。現在の会員14社を見ると、支店や営業所を持つ大手がほとんどのようです。

ペット葬儀の苦情の多くが訪問火葬業者から出ていることを踏まえ、協会では見積書の提示、依頼者は承諾のサインという契約のスタイルが提唱されているようです。見積書を提示して契約するのは人間の葬儀といっしょで、ここでも犬猫が人間並みになりつつあることがうかがえます。

ペット葬儀社の実態

さて、全国にペット葬儀を行なっている企業は２０１０年で８３０社ほどあると言われ、２００２年に比べて40パーセントも増えたそうです（日本経済新聞による）。では、どういう人たち（関係者）がペットの葬儀を商売にしているのかというと、おおむね次のとおりです。

①ペット葬儀専門業者
②動物霊園
③動物病院

④寺院
⑤石材店

内容は、自社で移動火葬車を持って訪問火葬している業者、葬儀ホールと固定火葬炉が両方ともある業者、火葬場を紹介するだけという業者などがいます。ちなみに東京23区内には現在80社前後のペット葬儀社があり、都下にも30社前後あるので、東京だけで100社を超えています。ただし、大手グループの支店や営業所も含めた数なので、企業数としてはもう少し減ります。また、固定火葬炉は動物霊園などに多く見られるようです。

これほどまでにペットの葬儀がはやる傾向について、単純にペット（犬猫）を飼う人が増えたこと、特に犬を室内で飼う人が多く、犬への接し方が子どもや家族同様となっていることが、ペットの死に対応する商売を発達させた要因だと考えられます。

犬が人に対して示す忠誠心が飼い主の琴線に触れ、無償の愛を注ぎ、死に際しても人と同等の葬儀をやりたいと望むことは、私も経験があるので理解できます。しかし、そこに落とし穴があり、つけ込まれる隙が生まれます。人の葬儀ほど金がかからないことも、財布の紐がゆるくなる理由のひとつです。

最近では無法状態に危機感を持った自治体が、条例をつくって業者を規制する動きも出ています。また、環境省は登録制へ向けて準備を進めています。

ペット訪問火葬の売上げは年間９億５０００万円と試算され、人間の葬儀にははるかに及びませんが、移動火葬車が１台あれば、とりあえず商売が始められます。軽トラックの移動火葬車が中古で２２０万円でネット販売されていたこともありました。屋台のラーメン屋並みの投資額です。そのビジネスとしての手軽さは、プロが育たない環境の一因なのではないかと危惧しています。

スーパーやネット業者の葬儀は、あくまで「葬儀社紹介業」

ついにスーパーマーケットにお葬式を頼む時代が来ました。「電話した日がたまたま特売日だったので安く済んだ」などという噂がまことしやかにささやかれる、20年前には考えられなかった事態です。

そろそろ心の準備をしておこうとネットで葬儀社を検索していたら、いちばん安いと紹介されていた葬儀社があったのでそこに決めた。ところがそこは葬儀社ではなく「葬儀社を紹介する」会社で、おおもとはネット専業の情報サービス会社だった、ということが本当にあります。

この形態の最大手のイオンでは葬祭事業を分社化し、イオンライフ株式会社を設立して本格的に葬儀業界へ参入してきました。「24時間365日いつでも電話を受けます」という葬儀社なら当然のことを、フリーダイヤルに60人のオペレーターを用意して待っているそうです。オペレーターが電話を受けると、住所や名前など基本情報の他に、葬儀のタイプ（火葬のみ、一日葬、家族葬、一般葬など）や希望するセット、葬儀式場のエリアなどをお客様から聞き取り、葬儀社を紹介します。

これらネット業者による葬儀は、インターネットのウェブ上で生活情報などを提供する企業が、そこに葬儀社情報を載せたところから広がり、イオンのように、葬儀社の紹介窓口になったパターンです。しかし、いずれも「葬儀社紹介業」であり、自社で葬儀を請け負うことはありません。

イオンがオペレーターまで準備したのは、ネットだけの業者より責任感の強いことの表れではありますが、実際は窓口をひとつにしなければ、とても全国のイオンで対応できないからでしょう。

イオンは小売業者ですから、葬式に使うものは何でも用意できる力を持っています。そのため、自社の流通網を利用して葬儀の価格面でも大きなメリットを提供しているようです。しかし、ネット業者は物ではなく、サービスだけを売っていますので、イオンとは根本的に異なります。

下請けブラック葬儀屋の悲哀

これら「葬儀社紹介業」の会社から葬儀を請け負ったブラック葬儀屋は嘆きます。

「ヤツらはね、自分たちで葬式の値段を決めちゃって、それをうちのような個人経営の葬儀屋に丸投げするんだよ。あっちの取り分が決まってるから、こっちはできるだけ仕入にかかる費用を落としてやらないと儲からない」

一方で、イオンはホームページでこう言っています。

「イオンと共通の志をもつ特約店葬儀社がお葬式を執り行います」「特約店葬儀社スタッフの品質とサービスの向上を目的とした様々な研修を全国で定期的に開催しています」「お客さまにご満足いただけるお葬式を提供するために、独自で定めた『葬儀サービス品質基準』を用いて葬式の品質を管理しています」（イオンライフホームページより）

特約店とは各地方の大小の葬儀社のことで、ブラック葬儀屋も含みます。

「要は、ああしろ、こうしろ、っていう手かせ足かせのようなもんで、みんなそれぞれ一匹狼みたいな連中なんだから、同じことやれっていうこと自体が無理難題」

「客の前ではきちんとしろ、言葉づかいに気をつけろ、無断で追加するな、あれダメ、これダメのダメ出しのオンパレードで、言うとおりになんかやってられません」

下請け葬儀屋のそんな声が聞こえてきますが、これは、ネット業者の紹介も同様です。他の業者は、イオンのような基準があるかどうかは不明です。でも、全国に300社、400社とたくさんの紹介先があると公言しています。

しかし実際には、その紹介先である地域の葬儀社は、複数の業者と契約しているケースも多々あり、どちらからも仕事がまわってくるようお膳立てされています。つまり、複数の紹介業者の提携先リストに名前が載っている葬儀社もあると考えられ、あちこちに登場する葬儀社があるということです。

ブラック葬儀屋の嘆きにあったように、お客様はセット価格で申し込んでいるため、自分たちで儲けどころをコントロールできないことがブラック葬儀屋にとっては重大なストレスです。ときどき葬儀の口コミなどを見ると、スーパーやネット業者のこういった紹介業者経由で頼んだ葬儀で「セット価格以外に請求された」「葬儀社の態度が悪い」「品がない」などというものを見かけ、品質重視の現代で、いまだにこんなクレームをつけられていることに、思わず失笑してしまいます。

異業種からこの業界に参入した紹介業の会社は、下請けの葬儀社を何らかの基準をもって選び、自分たちの不利益にならない仕組みをつくり、看板に傷がつかないように管理しているのです。

提携先の葬儀社は日本全国に400社あると謳(うた)い、自分たちの力がまるで全国まで及ぶようなイメージを消費者に与え、「不透明だ」「ブラックだ」と悪く言われる葬儀業界に対し、まるで正義の味方のようなスタンスで立っているかのように見えることもあります。

しかし、もし葬儀の現場でトラブルが発生した場合、これら葬儀社紹介業はどのように責任をとるのでしょうか。いくら窓口がきちんとしていても、葬儀の現場で行なわれることがブラックなままだとしたら、高い志をどう完遂させるのでしょうか。

「地域の葬儀社が選ばれるのは、その地域ごとのしきたりや風習があるからさ。さすがにこれだけは標準化できないから、セット価格に入れられない。それが我々の儲けの種。どこだって仕事がほしいから、うるさいことを言われてもやるしかない。やらなきゃ売上げ0円だ。でも、特約店の中に互助会は入っていない。互助会とは組まないのさ。互助会は何でも自分のところで手配できるから、我々と同じように、スーパーにとっても天敵なんだ」

本当はやりたくないが仕方ない、という本音があふれた、ある独立系ブラック葬儀屋の社長の言葉です。

悩ましい「独居死」の家の後片付け

独り暮らしを「独居」と言います。独居死とは人知れず家で死ぬことで、たいていは警察が介入し、事件、事故、自殺、病死など、いろいろな視点から検証と検死が行なわれます。

人は「独居＝孤独死＝お気の毒」と連想しがちです。特に老人の孤独死は今や社会に暗い影を落としています。配偶者に先立たれて独居になる、離婚して独居になる、子どもが出て行って独居になるなど、老人が独居になる可能性はいくらでもあります。

女性よりも男性の独居死が圧倒的に多いのは、男性より女性のほうが社会性が高く、人とのつながりを重視するので、未然に防ぐことができるチャンスが多いからです。

こういった独居死に直面すると、残された人にとっては故人の家の片付けが問題になります。それは、家にある物のほとんどが、残された人には不要なものであることが多いからです。

「このあいだ、亡くなった人の部屋の片付けをやってくれないかって頼まれたんだけど、それは葬儀屋の仕事じゃないって断ったんだよ。でも自分じゃできないので金を払うから頼むって言うんで、1Kのアパートだったけど、とりあえず20万円で引き受けて、便利屋にやらせたよ」

　と、したり顔で話すブラック葬儀屋の社長。

「とんでもない部屋だったそうだよ。死んでから2週間も経った部屋だったらしく、その後始末が大変だと便利屋から泣きが入った。仕方ないから普通なら5万円のところ、倍の10万円払って何とかやらせた」

　さすがブラック葬儀屋。普通の部屋なら遺品整理は5万円という相場を知っており、便利屋がしり込みするのを見込んで、お客様には20万円と吹っかけたのです。もしそれでお客様に高いと言われたら、2～3万円の値引きで済まそうというストーリーができていたのでしょう。

「賃貸アパートなんかで死なれたら、大家は次に貸すことができないって大騒ぎだね。だから老人の独居は敬遠される。気の毒だけどそれが現実。うちだってものすごい遺体を部屋から運び出すことがあるけど、特別手当がないと、とてもやってられないね」

　そうです。その特別手当が高い料金になるのです。

遺品整理業という新業種

２００２年に「遺品整理業」という名目で会社を立ち上げた人がいて、引越屋、ハウスクリーニング業、産廃業者、便利屋など、それまで似たような仕事をやっていた会社や個人も遺品整理業という業種で捉えられるようになりました。

２０１１年には「一般社団法人遺品整理士認定協会」という業界団体ができ、遺品整理士の管理基準もできました。ペット葬儀の業界と同様に、雨後の筍のように業者が乱立した結果、悪質な業者があとを絶たなかったためです。

それまでは料金の基準もなく、請求金額が見積金額を超えるのは当然で、遺族の確認をとらずに廃棄した、価値のある遺品を勝手に処分したなど、苦情が絶えなかったようです。いまだにサービス業としての人材教育に問題があることが指摘され、これもペ

■ 大手業者による遺品整理料金の目安

1K	（1名）	35,000円～
1DK	（2名）	60,000円～
2DK	（3名）	120,000円～
3LDK	（6名）	190,000円～

＊2016年1月現在のもの

ット葬儀と同じ課題をかかえています。

ネット上で各社の料金が公開されていますが、料金は各社それぞれです。一例として、平均的であると思われる大手業者の料金の目安を前ページに載せました。

荷物の量、建物の階数、エレベータの有無、汚れ方などで相当な差が生まれるはずで、もし広さだけで一律に料金が決まっていたら、逆におかしいと思ったほうがいいでしょう。

こういった業者に発注したお客様の声を読むと、仕事の丁寧さが重要視される傾向が強いと感じました。それは、整理する人にとってはゴミかもしれませんが、ご遺族にとっては遺品だという思いからでしょう。もちろんご遺族が立ち会えば、さすがにひどい扱いはしないと思いますが、見ているからこそ、よけいに丁寧さが要求されるのです。

また、遺品整理というと遺品の分別や廃棄だけを行なうイメージがあり、引越しより楽だろうと思われる方もいらっしゃるかもしれませんが、とんでもなく過酷な遺品整理を請け負う特殊清掃業についても少し触れなければなりません。

事件現場清掃業とも呼ばれ、遺体の腐乱や腐敗による室内のダメージを原状回復する仕事です。臭気判定士、医療環境管理士、防除作業監督者などの資格がスキルとして要求されるほどレベルの高い仕事であり、誰もができる仕事ではありません。

人の形が畳や床に残るような腐乱死体の痕跡を消すなど、普通の生活からは考えられない世界です。これをやってのけるプロ集団がいるのです。彼らは遺品整理業の中に属しますが、これだけは簡単に参入できるような仕事ではありません。

最近、親の家を片付けた人の話を聞きました。広い家で独居していた義理の父親の認知症がひどくなり、仕方なく近所の施設に入れ、家の整理を業者に頼んだそうです。戸建ての家にはそれまで父親が捨てずにため込んでいた物があふれており、業者といっしょに2日がかりで分別したところ、なんと80万円かかったそうです。

今後、遺品整理業者が登場するシーンはどんどん増えるでしょう。アパートの一室でも人の物を片付けるとなると大変な労力が必要になるのに、戸建ての家の片付けは家族だけでは無理でしょう。できれば、親が元気なうちに親子でいっしょに片付けるのがベストだそうですが、いかがでしょうか。

ちなみに、家庭ゴミは産業廃棄物とは異なるので、遺品整理業者が産業廃棄物の扱い資格しか持っていない場合、家庭ゴミの扱い資格をもつ業者へゴミを委託するため、料金が高くなることがあります。また、骨董品や貴重品の取り扱い（引き取り）は古物商の資格がないとできませんので、頼むときは注意が必要です。

そして必ず3社は見積もりをとりましょう。葬儀と違って検討する時間があるのですから。

第4章
騙されないための葬儀の基本データ

さて、この章では具体的に数字を提示しながら、葬儀にまつわるお金の解説をしていきましょう。葬儀の物や事にまつわる価格の謎や、そうだったのかと納得できる価格の〝意味〟がわかれば、逆にブラック葬儀屋の悪どい手口が垣間見えてきます。

ご遺体の搬送料金の目安

たとえば旅先で病気や事故でお亡くなりになった場合、ご自宅までご遺体を搬送するのに飛行機を使うことがあります。

その場合、亡くなった場所から空港まで送り届ける葬儀社と、到着した空港に迎えに来る葬儀社を事前に決めておく必要があります。そうしないと、航空会社に請け負ってもらえないからです。

ご遺体は貨物扱いですが、別に仕立てたコンテナに入れられます。

航空会社の料金は距離と重さのキロ単位で決まっています。

以前、都内にお住まいの方が旅先の広島でお亡くなりになり、当社が羽田空港からご自宅まで搬送したのですが、広島空港から羽田空港までの料金は、おおむね3万円くらいだったと思います。

他に広島空港までの搬送料金と棺の代金、ご遺体の処置料やドライアイス代金などで15万円くらい。そして羽田空港からの搬送料金は23区内なら3万円ほどですので、全部でおおむね21万円くらいはかかったと思います。

陸送の場合、500キロメートルを超えるような搬送は時間も費用もかかりますので、このケースでは飛行機で正解です。

都内に事務所を構える葬儀社の中には、搬送業務をしなかったり、できなかったりする会社も多いので、ご遺体を専門に搬送する運送会社が存在します。出庫から車庫に戻るまでの距離を10キロメートル単位で計算し、夜間は割増し、高速は別料金です。

運賃の目安は10キロメートル当たり1万円くらいと言われていますので、たとえば東京から浜松までなら約25万円プラス高速料金です。あとは心づけが慣習としてあります。距離によっては、ドライバーが2名になることもあります。

飛行機にするか、自動車にするか、遠距離のご遺体搬送は選択肢が2つしかありません。

ところで、ご遺体の搬送は基本的に葬儀社が行ないますが、唯一、ご遺族が自家用車に棺を積んでご自宅へ帰られた例を知っています。

都内で事故死した息子さんを、お父様とお兄様が大型ワンボックス車で岐阜県から迎えに来られたのです。すぐに死因がわからず、文京区大塚にある東京都監察医務院で行政解剖されましたが、その解剖が終わるのを待って、その足で連れて帰られました。

「死体検案書」という、一般の「死亡診断書」にあたる死亡原因が明記された書類を携帯していれば、ご家族がご遺体を運んでも法的には問題ありません。途中で検問にあっても、後ろに積んだご遺体に事件性がなければ、警察に連行されることもありません。

あの親子はどんな思いで岐阜まで帰ったのかと、とても切ない気持ちで見送ったことを思い出しました。

祭壇の相場

祭壇と棺は、葬儀では欠かせないものです。

お葬式で今のような白木祭壇が設けられるようになったのは戦後のことで、高度成長ともに祭壇も進化してきました。ちなみにここでの「白木」とは、ナチュラルカラーの木製品のことです。

祭壇は古代インド仏教の世界観を表す須弥山（しゅみせん）に由来する須弥壇からできたもので、寺院本堂のご本尊の前に設置されます。寺院以外で葬儀を行なうときは、その須弥壇を模（も）した白木祭壇を飾るようになりました。大きさ（高さと幅）、豪華さ（彫刻など）により、祭壇料（レンタル料）は20万円から５００万円くらいまで、さまざまなバリエーションがあります。

葬儀社は1組当たり数百万円もの大金をはたいて購入した祭壇を、レンタルで貸し出して葬儀を行ないます。修理を繰り返して大切に使いますが、木製品のため色が変わったり傷が目立ったりするため、10年が耐用年の目安です。

維持費の他に、使うごとに運搬費と人件費などがかかり、お客様からいただく料金からそれらのコストを差し引いた分が、葬儀社の利益になります。祭壇が大きくても小さくてもかかるコストはそれほど大きく変わらないため、葬儀社の本音としては、できるだけ大きくて立派な祭壇を飾ってほしいのです。

ブラック葬儀屋なら、高額の祭壇をすすめようという一心で、あなたにこんなふうに耳打ちするでしょう。

「祭壇は最低でも三段、できれば四段はほしいですね。あまり小さな祭壇では仏様も浮かばれません。それなりの祭壇を飾ってさしあげてください」

「近所の手前だってあります。お子さんたちもそれぞれが立派になっている以上、あまり貧相な祭壇では、蔭で何を言われるかわかったものではありません」

「祭壇の立派さは、故人への思いの強さと同じです。人はよく見てますから」

ただ、家族葬が増えた今となっては、このような台詞は通用しなくなりました。

20年くらい前までは、葬儀費用に占める祭壇料というのは非常に高く、80万円くらいは当たり前でした。それが普通だと葬儀社に言われ、そういうものだとご遺族も思っていた時代でした。

前章で触れた冠婚葬祭互助会は、まさにその祭壇料が一般より安くなるという理由が一番で、会員を爆発的に増やしたという経緯があります。それと同時に、人生の最期をお願いできる葬儀社を確保しておくという安心感も魅力だったのです。

「祭壇の料金が葬儀の規模を左右するんだから、こっちからすればできるだけ立派な祭壇を出してもらわないと困る。世間が考えるほど実際には儲からないんだから、祭壇で元をとらなきゃならない。保管しておく場所、運ぶ手間、組み立てて撤収する手間、どれもこれも人の手でやる作業なんで、人件費がバカにならないんだよ」

自社の葬儀会館を持っていない葬儀社の社長は毎回祭壇を式場まで運ぶので、こうした愚痴をこぼします。業界には葬儀社に祭壇一式を貸すレンタル業者もあり、それを利用すれば、自社で持つより、そこから借りたほうが安あがりかもしれません。祭壇の又貸しです。

大手の葬儀社では、数十組もの祭壇を自社で買って維持しています。今のような葬儀会館がなかった時代は、一式をトラックに積んで現場で組み立てました。ご自宅で葬儀を行なうと、朝から晩までコマネズミのように働く葬儀社のスタッフの姿を目の当たりにするので、お客様も気の毒がってくれ、昼飯などをご馳走(ちそう)してくれたものです。その大変さが祭壇料に含まれているとも解釈されました。

しかし近ごろは、お客様は準備ができあがったあとの葬儀式場に行くのみで、準備や仕込みをごらんになる機会がないため、さぞ葬儀社は楽をしているように見えることでしょう。

現代では祭壇はレンタル商品であることが認知され、大金を出す方はとても少なくなり、お金の出しどころが変わってきました。それでも生花だけを使って飾りつけた花祭壇となればお金を出す方もいますので、要は価値観が変わったのです。

花は生ものですから、レンタル商品とは違います。飾り付けたすべての花を買い上げるというオンリーワンの感覚がうけているのですが、花は資材として市場から買って使い切ること、飾り付けに高い技術が必要なことから、周囲が思うほどには利益はありません。

棺の相場

さて、祭壇と同様、棺も葬儀社がさまざまな付加価値をつけて売り込む、葬儀に必要不可欠な商品です。

「棺は故人が最後に横になるところです。燃やしてしまうといえば確かにそうですが、弔問にいらしたお客様の目に触れるものですし、お別れもありますので、できるだけちゃんとしたものを選んだほうが仏様も喜ぶと思います」

ブラック葬儀屋だけに限らず、ごく一般の葬儀社でもこのようなすすめ方をします。

棺に使われている木材は大部分が海外産です。製材、組み立ても多くが中国です。細かな彫刻も中国人の職人の手によるものです。日本人が技術を教え、現地法人を設立してつくらせている仕組みは、他の工業製品とまったく同じです。したがって、品質、現地の人件費、円安などが恒常的に課題となっています。しかし残念ながら、国産に戻そうという業者は少ないでしょう。

「祭壇は借り物なのでそこそこでもいいですけど、棺は故人のために用意された特別な空間なので、これだけはぜひ、よいものをおすすめします」

高い祭壇を売り込むことをあきらめたブラック葬儀屋は、棺で食い下がります。

もっとも安い棺で3万円前後、一般的に多いのは10万円前後、棺だけはよいものを、と気張って15万円くらいが世間相場です。

しかしここでブラックなのは、相手によって、または状況によって価格が変わったりするということです。

葬儀を横取りしようとねらっている場合、「うちでやってくれれば、よそでは10万円する棺をうちでは5万円で出す」などと根拠のない値引きをする場合があります。

正直に言えば、運賃や組み立て費、段ボールの梱包費など、本体以外にもかかる費用が多くありますが、おおよそ10万円前後の一般的な棺は、葬儀社は5万円を下回る価格で仕入れています。したがって5万円までなら何とか割引ができるのです。棺の分の利益があがらずとも、葬儀一式を受注できれば他の部分で儲けを出せるので、これもブラック葬儀屋の戦法と言えます。

棺は祭壇と違い、レンタル商品ではありません。しかし、今のような祭壇がなかった時代でも、「ガンバコ」「棺桶（かんおけ）」と呼んだ棺だけはあったのです。基本的に土葬だった江戸時代でも、必ず遺体を納棺してから埋葬しました。

現代の火葬場でも、棺に納められていないご遺体は火葬しません。そういう意味では、棺に納めるということは、日本人にとって人間の尊厳にかかわる重大な行為なのだと気づかされます。

「いい人生だったかどうかは棺に入るまでわからない」

やはり最後は棺なのです。

「どうせ燃やしちゃうんでしょう？」

まったくそのとおりですが、棺とは故人があの世へ旅立っていくための、いわば〝乗り物〟のようなものです。

せめて最期の旅立ちのときくらい、きちんとしてさしあげてください、と、長年葬儀にたずさわってきたからこそ思うのです。

葬儀とお花

仏教では、寺院の本堂にご本尊を安置し、天蓋（てんがい）という金色の飾りを天井から下げ、ご本尊の前に祭壇を置きます。そこに灯（あか）りを点（つ）け、花を供え、香を焚き、その全体像を「荘厳（しょうごん）」と称し、仏様を飾るひとつの形式としています。

葬儀における飾りものとは、「荘厳」の一部として花、果物、菓子などを指しますが、中心になるのは花です。籠花という名札を立てた生花の供物や、祭壇花という遺影の周辺や、祭壇上に色とりどりの生花を置くのが花の飾りものの主流です。

身内だけで行なう、いわゆる家族葬が増えたため、親戚以外の方から籠花が出る機会が非常に少なくなっています。もしも両親ともにひとりっ子、その子どももひとりっ子で、その配偶者までひとりっ子だったら、親戚の花はほとんど期待できません。

これにはブラック葬儀屋も頭をかかえています。

「喪主の花が1対（2基）、子供一同で1基、孫一同で1基、全部で4基です。これではちょっと足りないですね。誰かご親戚で花を出していただける人はいませんか？　最後のお別れをするときに、花をちぎって棺に入れるんですが、できるだけ棺いっぱいに花を入れてほしいんです。それには10基はないと恰好がつきません。もし誰もいなければ、名札を立てなくてもいいので、全部で10基にしてください」

これはかなり強引なお願いです。子供一同や孫一同も喪主が支払うことが多いので、10基全部を喪主が支払うことになり、生花代だけで15万円です。

祭壇花は遺影のまわりに飾ると写真が引き立ちます。こちらは菊ではなく、カーネーションやバラなど洋花が使われ、彩りが華やかです。しかし、切り花をデザインしてひとつの形に加工するので、高価な飾りものになります。

籠花が期待できないとなると、ブラック葬儀屋はすかさず祭壇花を推してきます。

「籠花の数がそろわないようであれば、写真まわりの祭壇花で埋め合わせしましょう。お別れにはそれをちぎって入れれば済むので。かえって洋花のほうがきれいかもしれませんね」

と言いながら見積書に「写真まわり祭壇花10万円」と書き込みます。ちなみに祭壇花は5万円が標準で、その上が10万円となり、あまり小刻みな価格設定はしません。デザインされた生花の価格は、その多くが手間賃です。1本いくらなどという計算では判断できません。町の花屋さんで切り花を買うのとは違うので、注意が必要です。

ちなみに白い菊が使われるのは、1年を通して安定供給されるからです。菊はハウスで常時栽培ができ、水あげがよく長持ちするため、大量に使う葬儀向きなのです。今では中国産の安い菊も入手できます。また、この白い菊に弔いの意味はありません。

演出は葬儀社の腕の見せどころ

さて、演出で思い出されるのは出棺シーンです。

「お名残りつきませんが、ただ今よりご出棺とさせていただきます。皆様から見て左手より、故人をお納めしたお棺が登場いたします。皆様におかれましては合掌をもちましてお迎えいただき、霧の彼方に消えてゆく故人をお見送りください」

という司会者の言葉と同時に、幕間からドライアイスが噴出し、その霧の中から大きな花束が乗せられた棺がゆっくりと中央へ移動します。そして電動の台に乗せられた棺は霧の奥へ消えていきました。

これは過去に実際にあった葬儀会館での出棺シーンです。関西地方のある葬儀社の演出で、まるで結婚式で新郎新婦がゴンドラに乗って登場するシーンのよう。今となっては笑い話のような演出です。

葬儀社では、今でもさまざまな演出を用意しています。もちろんすべてオプションです。

「ナレーションテープ」は故人の足跡をストーリーに仕立て、プロのナレーションで録音し、それを告別式に流すという演出です。3分程度ですが、映像が当たり前になった時代だからこそ、プロの声と音楽がマッチした、想像力をかきたてられる音だけの演出が妙に印象に残ります。

「ピアノ生演奏」は、電子ピアノを自在に弾きこなせる奏者が式場内にいて、司会者の進行や全体の雰囲気に合わせた生演奏をします。曲目は故人が好きだった歌や葬儀にふさわしいものが選ばれます。式の進み具合に合わせ、臨機応変に演奏されるので、そのライブ感がすごいと思う人が多いのではないでしょうか。選曲次第では素敵な葬儀が演出できるかもしれません。たっぷりと時間をとった葬儀や亡くなってから日を置いて行なわれるお別れ会ならば、弦楽四重奏やジャズの生バンドの出演も可能です。

「スライドショー」は写真を活かした演出です。式場内のスクリーンにスライドショー形式で、故人の生い立ちに沿った写真を流します。日付や場所など簡単な文字情報も入れられますので、見ているだけで感動するかもしれません。ナレーションと組み合わせれば一層の効果が期待できます。

しかし、こうした演出はあくまでオプションですので、必要不可欠ではありません。

ブラック葬儀屋ならここぞとばかり、必要以上の演出をお客様にすすめて儲けようとするだろうと思われるかもしれませんが、むしろ面倒で慣れないことには、かかわりたくないようです。

「お客さん、こういう色ものはなくてもいいんです。お経とは合わないと思いますよ。それにけっして安くないですから。実は結構入れるタイミングが難しいんですよ。不自然にならないようなアナウンスも必要だし、間違えるとお笑い草になってしまうことだってあるんですから」

ブラック葬儀屋からすれば、葬儀はごく無難にやるのがいちばんで、イレギュラーなものには弱いのです。こんな演出を頼まれるくらいなら、精進落としの弁当をもう1ランク上げてもらったほうが、よほどありがたいというのが彼らの本音でしょう。

とはいえ、ちょっと強引な葬儀屋さんにすすめられて仕方なく、というのはありそうですが、葬儀に特別な演出が必要かどうか、ブラック葬儀屋の言うように、かかる費用もけっして安くはありませんので、冷静に判断されることをおすすめします。

「通夜振る舞い」の人数の見積もり方

通夜は本来、身内だけで行なわれるものでした。身内でない人が通夜に線香をあげに行くというのは、よほど故人やご遺族と関係が深い人に限られていたのです。

ところが、サラリーマンが平日の昼間に行なわれる告別式に参加するには、仕事に支障が出てしまいます。そのため、通夜に行って弔問を済ませようという傾向が強くなり、次第にそれが当たり前になりました。今では一般の弔問客はほとんど通夜に来てしまい、翌日の葬儀・告別式は身内だけというケースが、特に首都圏では非常に多く見られます。西日本では今でも葬儀・告別式にうかがうことのほうが多いと聞いています。

さて、その通夜料理の量を葬儀社はどう見積もるのか、ここでちょっとご紹介します。

首都圏の風潮で、一般の弔問客はすべて通夜に来ると仮定した場合、来られる方を３タイプに分類して考えるのが基本です。

【通夜・例①】

A　家族と親戚で30人（付き合っている人数ではなく、実際に通夜に来られる人数）

通夜の読経が終わるまで着席している人たちですが、式の終了後、きちんと食事をしていく人たちです。

B　会社、近隣、友人などで60人（いわゆる一般の弔問客）

焼香を終わらせるとすぐに帰る人たちですが、この人たちをできるだけ引き止めて、席についていただくようお手伝いの人が誘います。仮に全員が着席して料理に手をつけたとしても、皆が1人前食べることはありません。

C　手伝いの人が10人（町内会や会社関係などへお願いした人数）

ひととおり通夜が終わるまで残っていますので、区切りがついたところでAの人たちといっしょに食事をとる人たちです。

想定したのは合計で100人ですが、AとCは1人前、Bはおつまみ程度の食べ方になります。そこでAとCで40人分の料理を確保しておき、Bの分は60人の50パーセントくらい（30人分）を用意しておけば足りると考え、合計で70人分を想定します。

もしAとCは老人が多く、とても1人前食べると思えないときは、こちらは少なめの70パーセントくらい（30人分）に見ておけばいいでしょう。つまり、その場合は合計で60人分です。

ここで、「100人分を頼まないと足りない」と主張する葬儀社は、売上げ至上主義のブラック葬儀屋です。追加が発生し、結果として100人分になる可能性はありますが、最初から100人分で見積もって準備をしてしまうと、たとえ料理が余ったとしても返品も返金もできません。打ち合わせの段階では、60人〜70人分という考え方が正しいのです。


【通夜・例②】

A　家族と親族で30人
B　一般の弔問客300人（ほとんど会社関係）
C　手伝いの人20人

弔問客が多く、式場も大きな場所を借りて行なう葬儀の場合です。

ところが、お清めの会場は50人くらいが座れるところが一般的で（中には2部屋あることがありますが）ここが注意点です。

３００人の弔問客が一度に来ることはないとしても、会社関係が多い場合は早くから集まる傾向があり、通夜開式と同時に焼香の長い行列が予想されます。焼香を終えた弔問客が一斉にお清め会場へなだれ込み、50席はあっという間に埋まるでしょう。

50席の入れ替わりに30分かかるとして、その間に満席になった席を見て帰る人たちが続出します。席が空くまで待つというのは、お清めの席では考えにくい行為です。

葬儀社は長い行列を避けるため、できるだけ回転の速いお焼香を考えます。礼に始まって礼で終わるお焼香をひとり1分かかると設定し、焼香台を5台用意して、５人ずつまわせせば30分で１５０人さばけると想定します。

すると、50人で満席になったあとの弔問客はすぐに帰ってしまうと考えられます。つまり、最初の30分間で焼香を済ませた１５０人のうち、１００人はお清めに寄りません。

その後の30分で次の弔問客の波が押し寄せ、また50人で満席になると同じような現象が繰り返されます。

結果として例①で想定したように、1時間で100人が料理に手をつけますが、実際になくなるのは半分で、うまくセットし直すことで30人分くらいは再利用できます。あとはご家族・ご親族と手伝いの人の分として50人分があれば間に合うということです。

つまり、例②の場合は、全体として少なくとも120人分以上の料理が必要と考えられます。

しかし、50人の席が2部屋ある葬儀場の場合は、100人分の料理をはじめから出しておく必要があります。30分間で70人分くらいの料理がなくなりますので、同様に考えると全体として200人分くらいの料理が必要になります。

これが、お清め会場のキャパシティで大きく費用が異なる実例です。

ブラック葬儀屋の売上げ至上主義なおすすめでは300人分の料理を用意するハメになり、20パーセント減の240人分の見積もりを出したとしても、1部屋の場合は120人分、2部屋では40人分もオーバーすることになります。これは、「通夜の料理は少し余るくらいがちょうどいい」というレベルではありません。

余った料理は最後は廃棄処分です。弔問客の数を３００人と想定していたのに１５０人しか来なかったなら仕方がないと言えますが、用意する料理の数が最初から３００人分では想定ミス、判断ミスです。

「精進落とし」でよくあるミス

次に「精進落とし」の料理を考えます。

広く仏式の葬儀が行なわれていますので、ここでは仏式葬のやり方にしたがいます。葬儀・告別式が終了すると、故人を霊柩車に乗せて火葬場へ向かいます。そして火葬後に皆でお骨を拾って（収骨）、初七日をするために葬儀会場に戻ります。もう一度お経をあげていただき、全員が焼香して２日間のお葬式が終わります。

この後「精進落とし」と呼ばれる会食の席に移ります。精進を落とすとは「一定の期間、身を清めて、行ないを慎むことを終了すること」と解釈されます。

本来は肉類を避け、野菜などを中心に食事をすることですが、現実に精進する人は誰もいないと思います。本来あるべき姿として名前だけが残っているのです。

ここでは、通夜料理のように不特定多数のための盛合わせ料理ではなく、一人ひとりにお膳を用意します。フルコース、松花堂弁当、重箱詰めなど形こそ違いますが、一般にひとり3000円から1万円くらいまでの高価な食事になります。

この席につくのはご家族、血縁者、近親者の他、最後までお手伝いいただいた方を含めます。つまり火葬場へお供した人たちです。喪主は身内の労をねぎらう席として捉え、料理も贅沢なものになります。

ここでもっとも恰好が悪いのは、料理が足りなかったときです。

ひとりずつ用意されているはずが、何かの手違いで足りなかったときは、もう料理は追加できません。喪主やご家族の誰かが食べずに我慢することになりますが、この怒り（恥）は葬儀社に向けられます。これは出棺時に火葬場へ向かった人数をきちんと把握していなかったために起きるからです。

ときどきあることなのですが、勝手に火葬場までついてきてしまった人が、喪主のすすめを断り切れずにそのまま精進落としの席まで来たときに料理が足りなくなります。

喪主とは事前に精進落としに参加する人数を入念に打ち合わせしていますので、葬儀社にとってはこれは不測の事態です。

出棺時に正確に人数を把握しますが、少し遅れて火葬場へお伴する人がいると、見逃すことがあります。もっとも、その人がいっしょに戻ってきても精進落としに参加しなければ、問題にならないことです。

自分たちの落ち度でないことを強調したいブラック葬儀屋が、喪主の叱責に対し、

「想定外の人数となってしまいましたが、火葬場に着いたときにご連絡いただければ何とかできたかもしれません。こうしたアクシデントも含めていくつか余るくらい用意しておかなければいけないということです。なかなか見積もりどおりにはいきません」

そう言い放って喪主を激怒させたという話を、取引のある仕出し料理屋の社長から聞きました。この葬儀社は業界でも評判が悪く、スタッフも素人集団とのこと。

そう、確かにそのとおりですが、想像して、考えて、ひねり出すことこそ見積もりであり、失敗を自分たちの落ち度と反省することがプロなのです。

火葬だけする場合の費用

近頃は葬式をやらずに火葬だけして終わりにする例もあとを絶ちませんが、お骨にするだけなので、とても葬儀とは呼べません。

でも葬儀をやらずにお骨にするだけでも、20万円以上かかります。

お骨にするだけで20万円以上もかかるなんて、それこそブラックでは？と思われる方もいらっしゃるかもしれません。

では、その内訳の一例を上に示してみましょう。

いかがでしょう。単に

■火葬のみの料金の一例

遺体の搬送費 死亡場所（病院など）から安置場所まで（約10km）	10,000円
搬送用ふとん上下 吸収シートつきの敷き、掛けの搬送用ふとん2枚	10,000円
ジッパーつき納体用袋 遺体の状態により必要	10,000円
仏衣 仏式の旅支度	5,000円
ドライアイス処置（3日分） 保管料を含む処置料金	24,000円
桐棺一式 棺用ふとんつき	80,000円
霊柩車（普通車）	25,000円
火葬料（公営）	無料～10,000円
骨壺一式 白壺、箱、風呂敷	10,000円
人件費（2名×2日） 搬送日と火葬日、必ず2名で動きます	60,000円
合計	**244,000円**

火葬場でお骨にすることだけを想像すると「高い」と考えられるかもしれませんが、葬儀をしなくてもこれだけの明細になるのです。

たとえばふとん類はこの中からさらに削ることができそうに見られがちですが、遺体搬送用のふとんも棺用ふとんも葬儀専用のもので、特に棺用ふとんには火葬場の規定があり、燃焼テストをパスしたものしか棺の中に入れることができません。

これはごく一般的なケースで、もしこれで40万円と見積もってきたとしたらブラック葬儀屋です。おそらく棺や人件費の金額が高くなっているのでしょう。

20万円は相場としてはけっして高くはありません。この金額を準備できないほどの生活状況であれば、病院の支払いもできない可能性もあります。実際、ご自宅で誰かが亡くなっても残されたご遺族がこの金額を出せず、病院や警察に知らせずに結果として放置してしまい、死体遺棄という犯罪になるケースも出始めています。

葬儀社としては、依頼がない限り動けません。福祉事業ではないので、どうしても最低限必要なお金はいただかなければならないのです。

■ 心づけの目安

①民営火葬場における火葬係と休憩室係のスタッフへ
＊公営火葬場では禁止されています
→　火葬炉のランクにより3,000円～5,000円
（火葬係の代表へひとつ）
→　休憩室の配膳係へ3,000円
（代表へひとつ）

②霊柩車、ハイヤー、バスのドライバーへ
→　霊柩車のランクにより3,000円～5,000円
ハイヤーとバスは運転手ひとりにつき3,000円

③お手伝いの方へ
→　ひとり3,000円くらい
（通夜と葬儀で別）

④食事の配膳係のスタッフへ
→　ひとり3,000円または代表へ5,000円

⑤花屋さんへ
→　代表へ5,000円～10,000円

⑥葬儀屋さんへ
→　代表へ10,000円

「心づけ」の相場

葬儀では「心づけ」といって、葬儀代とは別にお世話になった方々に渡すチップのようなものが慣習としてあります。

世間相場は上の表のとおりです。

この中で必要な心づけは①②③です。東京の葬儀社なら、必ず用意してほしいと葬家へ頼みます。

ただし、都営（公営）火葬場を利用する場合は②と

③だけです。東京23区内には民営火葬場が7か所と都営（公営）火葬場が2か所あります。都下は民営1か所以外はすべて公営火葬場で、全国的には公営火葬場が普通です。もちろん公営の火葬場では心づけの授受が固く禁止されていますが、民営火葬場では職員の収入源になっている現実があり、廃止の動きがありません。

③は受付や案内など葬儀のお手伝いをしていただいた方への御礼です。町会など近隣の人にお願いする場合はその地域で金額が決まっていることが多く、事前に確認しておくべきことのひとつです。会社関係の方に頼んだ場合は、出すとすれば食事代程度の金額でしょう。

こうして書き出してみると、ひとつひとつの心づけはわずかな金額ですが、まとまると大金であることがわかります。

心づけを渡すことに疑問を持とうが持つまいが、慣習として葬家は用意してしかるべきという風潮があります。心づけは葬儀社が事前に喪主から預かり、実際に現場で手渡すのは葬儀社の仕事になります。ただし、④〜⑥の心づけは喪主の任意です。

①〜③の必要な心づけについては、葬儀の打ち合わせのときに説明をします。私の会

社では見積書の中に心づけの明細欄があり、渡し先、金額、数を記入することになっています。

東京では心づけを渡すことが当たり前になっており、お客様から疑問の声があがった経験がありません。むしろ、誰にいくら渡すのかという質問をはじめに受けるケースのほうが多いくらいです。千葉、神奈川、埼玉で葬式をお手伝いすることもありますが、東京と同じ慣習です。場合によっては葬儀社が必要な心づけを立替えることもあるかもしれません。そのときは葬儀代に加算されます。

トラブルの多い「葬儀社への心づけ」

私も、担当した葬家の方から⑥にあたる心づけをいただいたことがあります。しかし誓って申し上げますが、個人的に要求したことは一度もありません。

実体験として、ブラック葬儀屋は①から⑤まで、つまり自分を除くすべての心づけを準備するよう言ってきます。どこにどう渡すかは任せてほしいと、合計金額だけ喪主に伝えます。かなりアバウトな金額で、多めに預かって余れば返すと言うのです。

先に挙げた世間相場は、率直に言えば平均よりもやや安い金額です。ブラック葬儀屋なら、もう少し高い金額を喪主に要求するでしょう。3000円は5000円に、5000円は1万円にランクアップされます。これでは、葬儀関係者は人の金でいい思いをすると言われても反論できないでしょう。もし不足すればば喪主に請求すればいいだけですから、最初から必要以上にバラ撒くつもりで要求していたら、これは犯罪行為です。

ブラック葬儀屋は、はじめから余るように預かって、最後に「こういうふうに使いました」と報告して終わりです。わずかな金額しか残らないのであれば、おそらく喪主は余ったお金は受け取らないでしょう。悪く解釈すればこれも想定内で、自分の分ははじめから別にしてあるのです。

この件については、私はかなり悪いところをお伝えしていますが、それは、心づけの袋をどう考えてもそれほど要らない数をバッグに入れて歩く葬儀屋さんを何度も見たことがあるからです。何しろ受取証のないお金のことなので、いかようにもできます。

こうした疑いを持たれないためには、葬儀社は心づけリストと正確な数を喪主に知らせることが必要です。預かるときには預かり証を発行し、もし余ったらすべて返すことです。きちんと誠実にやっている葬儀社からすれば当たり前な内容だと思いますが、お客様にとっては疑心暗鬼になりがちな部分なので、あえてハッキリとさせました。

心づけがもとで、葬儀社を首になった人を私は何人も見ています。あるときは、葬儀代金の精算のときに担当者が露骨に心づけを要求したとクレームが入り、お客様にその対処を迫られて担当者が解雇となりました。

また、葬儀が終わった方の家を別件で訪問したとき、担当者へとお客様から心づけを託され、帰ってから本人に事情を聞いたところ、翌日辞めてしまいました。本人は認めませんでしたが、おそらく事前に担当者がお客様に心づけを要求していたと考えられ、「葬儀のときに渡せなかったから」と託されたのです。

このようにあとからわかることもあり、いただいた心づけを会社に内緒で同僚に分配して、そうとは知らずに受け取ったスタッフまで連帯責任を負わされたり、実は常習的に心づけをひとりだけで着服していたりと、トラブルの数は多くあります。けれどそういうことをした葬祭マンは小遣い程度の金のことでまったく信頼を失ってしまうのです。

心づけが必要かどうかということについて率直に言わせていただくと、私の経験では業者に対してはすべていらないと思います。サービス料的な代金は料金の中にすべて含まれていると考え、全部きれいさっぱりやめるのがベストです。

出来心を誘い、あらぬ疑いを持たれ、人の金をいいようにバラ撒く葬儀の心づけはもう必要ない、と私は考えます。

お布施・戒名の相場

葬儀にまつわることでいちばん疑問を持たれるのが、お布施の相場だと思います。

実は葬儀社にはお布施の価格表があります。檀那寺と直接やり取りをする方は別ですが、葬儀社を通してお寺に依頼する場合、この価格表の金額でご相談するのです。

これは各葬儀社が決めた価格で、各宗旨の戒名のランクごとの価格、通夜と葬儀・告別式の読経料、初七日の読経料などを一覧表にしたものです。

これらの価格は世間相場から離れたものでなく、戒名だけはかなり安いと思いますが、各葬儀社と契約しているお寺には、この価格にしたがっていただくことになっています。宗旨が同じであれば、どこのお寺も同じ価格で請け負っていただけます。

この表をもとに、お布施の金額をお客様に提示します。表は見られてもかまわないというスタンスで、オープンにすることで透明性をアピールするねらいがあります。

このように金額を決めておかなければ、何を根拠にお布施の金額が提示されたのか、お客様も疑問に感じるからです。口から出まかせの金額ではなく、社内規定があることを明らかにするための表なのです。

イオンは全国の提携した葬儀社に会員を紹介するシステムをつくり上げ、葬儀業界へ殴り込みをかけましたが、その際に、葬儀の透明性を強調するため、お布施の金額を宗旨問わず全国一律にして明示することを提唱しました。お布施には本来決まった金額はありませんが、あまりにも金額に個人差があるため、目安になる金額を伝えることにしたというのがこの真相です。

しかし、それぞれのお寺が檀家に対してだけ明示するのと、イオンが一般に明示するのとではまったく次元が違います。「あくまで目安です」といっても、もし自分の檀那寺へのお布施の目安と、イオンで明示した金額がかけはなれたものだったらクレームになるでしょう。それだけイオンは影響力が強いということです。

■お布施の目安

A	「院号」つき戒名 ◇◇院○○■■居士(大姉)、または◇◇院○○■■信士(信女)	80万円~120万円
B	「居士」または「大姉」 ○○■■居士(大姉)	50万円~80万円
C	「信士」または「信女」 ○○■■信士(信女)	20万円~50万円
D	「釋」法名 釋■■(釋尼■■) ＊浄土真宗のみ(授戒がないため戒名と呼ばない)	20万円~50万円

＊(　)がついた戒名は女性の場合。お布施は戒名＋読経料の合計

この「お布施の明示」が、お寺側からの猛反発をくらったのは、宗旨やお寺の格式で非常に差があるからです。また、他の檀家に対しても不都合が出てくるかもしれません。

檀家であれば、葬儀のときにいくら包めばいいのか聞けば、次のように明快に答えるお寺のほうが多いはずです。

「決まりがないとお互いに困るので、檀家総代と相談した上で決めさせていただきました。当山は曹洞宗なので、大まかに三通りの戒名が授けられます。院号つきが100万円、居士(大姉)が60万円、信士(信女)が40万円です。お預かりする布施には戒名、通夜、葬儀、初七日の読経が含まれます。通夜もしくは葬儀のときにご用意ください」

このようにお布施には、通夜と葬儀の読経、戒名、初七日の読経など複数の御礼が合算されているため、戒名だけとなるとはっきりしません。

お布施の金額の目安が右ページの表です。ここに挙げた金額は、世間相場と見ていいでしょう。戒名料という言い方はしませんのでくれぐれもご注意を。■■の2文字だけが戒名で、生前戒名で墓石などに朱を入れるのは■■の2文字だけです。

檀那寺には先祖の墓を守っていただき、先祖供養をお願いし、大きな寺院そのものを維持するために布施をします。またそこに管理者として暮らすご住職の生活を支えるための布施でもあります。ご住職は葬儀や法要などで、自らが修得したものを檀家に法施（お経を読んだり、教えを説いたりして、仏様の悟った真理を聞かせること）という形で返します。この関係こそ檀那寺と檀家の本来のあり方です。

生臭坊主などと悪口を言われないように勤めるのもご住職の仕事ですし、檀家は包んだお布施が全部ご住職の生活費になっているのでは、などと疑心暗鬼にとらわれたりせず、本堂や墓地の維持に使われると考え、それを実行することでご住職をも支えているのだと考えたいものです。

第5章　ブラックなお客様

まじめな葬儀社がある一方でブラック葬儀屋があるように、常識をもって判断をしてくださるお客様と、非常識かつ理不尽な要求をする、お客様と呼びたくないお客様もいらっしゃいます。

お客様側にもさまざまな価値観やそうするだけの理由があるのは理解できるところもありますが、そのためにトラブルになることも多々あります。この章では、そんなお客様のケースから、もしご自身が同じような場面に遭遇したときにどうしたらいいかを考えていただける一助となれば幸いです。

見栄っ張りなご遺族

恥をかきたくないというご遺族の見栄を逆手にとって儲けようとする葬儀屋がいる一方で、恥をかかされたという理由で、ご遺族が葬儀代の値引きを要求されてくることもあります。

供花の名前が間違っていた、弔電の名前を読み間違えたなどは、葬儀社側の明らかなミスなのでお詫びのしようもありますが、葬儀の司会進行がドタバタでハラハラした、お手伝いの人や弔問客への担当者の態度が悪かったなど、客観的な判断がつけにくいクレームもあります。

丁寧な説明が逆にしつこいと思われたり、こちらが常識の範囲だと思って黙っていると説明がないと怒ったり、上手な司会が鼻についていやだったなど、ボタンの掛け違いのようなクレームはなくなりません。

しかし、恥をかくことの恰好悪さというのは人によって受け入れ方が異なるので、何より相手の顔を立てることが問題を大きくしない特効薬になります。そういったクレームをいただいたときの対応策としては、たとえば、ご遺族やご親族がおそろいの前で四十九日に仏前に花を届ける約束をする、といったことをさせていただきます。

けれど、そういったクレームですらない、完全にご遺族側に問題があった場合のトラブルもありました。見栄を張ってかなり大盤振る舞いした葬式をやった挙句、代金が払えなくなったというおそまつな例です。

はじめに見積もった金額を超えることもなく、平均的な葬儀代だと思っていましたが、集金にうかがったところ、「お金がありません」とのこと。では、なぜ見積金額を出したときに無理だと言わなかったのかと問いただすと、そのときは確かに出せると思ったと答えられ、話になりません。

今でこそ、ローンやクレジットカード払いOKという時代になりましたが、冠婚葬祭の基本は現金払いです。なければないなりに、支払える範囲内でやることが原則です。生命保険払いという選択肢もあり、獲らぬ狸の皮算用も通用しないわけではありませんが、身の丈に合ったことをやらないといけません。

この家の場合は、もともとあちらこちらに借金があったため、葬儀を出したと聞きつけた債権者が香典を目当てに押し寄せて、あっという間にお金を取り立てて行ったそうです。

結局、担保になるものがないためローンを組むこともできず、毎月2万円を現金で支払ってもらうことになりました。年間24万円ですが、全部で150万円以上なので、完済まで6年以上かかります。

この家は、そもそも葬儀を出せるような経済状況ではなかったのです。ただ、亡くなったのが障がいのあるお子さんで、養護学校の関係者に対して見栄を張ったことが破綻を招いてしまいました。同情の余地はありますが、その結果、家庭が崩壊し、最後は夜逃げをして現在も行方不明です。

恥をかきたくないと見栄を張るのは個人の勝手ですが、張った分の対価は張った本人が支払わなければならないのです。恥をかきたい人などいないでしょう。けれども、見栄を張る必要があるかどうか、よく考えなければいけません。

もっとも、意識して見栄を張る人はいないと思いますが、身の丈を考えて葬式は今の自分にできる範囲でやりましょう。

ただでさえブラック葬儀屋は、亡くなったご家族のためにあれをしてあげたい、これもしてあげたいと考えるご遺族の心の隙をねらってくるのですから。

「お経などいらない」

私が担当した葬儀で、お客様と檀那寺との関係が悪いためにとんでもない事態になったことがあります。

通夜の開式前に喪主が檀那寺のご住職に挨拶に行きましたが、1分もしないうちに戻ってきたのです。そして何があったのか、私たちにはわからないまま通夜が始まりました。

家族葬だったのでご親族だけでしたが、ご住職は読経をあげ始めて10分もしないうちに何も言わずに席を立ち、憮然とした顔で引き上げてしまったのです。私も驚きましたが、ご親族の方々も「何でお経がこんなに短いんだ」と文句を言い始めました。

喪主の奥様が喪主にたずねました。

「あなた、お布施はいくら包んだの？」

「俺はあの坊主が大嫌いなんだよ。そもそもお経なんかいらないと言っただろう。お布施をいくら包もうと関係ない。だから1万円、今日と明日の分だ」

この言葉に、奥様、ご親族、そして私も耳を疑いました。

この葬儀は翌日も不穏な雰囲気のままで終わり、ご住職は出棺後すぐに帰ってしまいました。

その喪主はかなり偏屈な人で、奥様やご親族も手を焼いていましたが、ご住職は一言も苦言を漏らしませんでした。

しかし、お経などいらないという人が檀家にいたことに、ご住職もショックを受けたと思います。考えさせられた経験です。

戒名を自分でつけるのはトラブルのもと

「芝玉大王居士」ゴルフ大好き人間
「泥酔美酒居士」こよなく酒を愛する人
「厳格頑固居士」読んで字の如く（ごと）の人
「桜花麗優大姉」かくありたいと願う人
「愛犬愛猫大姉」あの世でもペットと暮らしたい人

いかがですか。何だか楽しそうで人柄が知れます。これは宗教的な意味をまったく考えずに自分の趣味や好物を4文字の漢字にしただけの戒名です。

戒名とは、亡くなってから授かる仏弟子としての名前で、漢字2文字です。漢字4文字で表された戒名は、正確には最初の2文字を「道号」、あとの2文字を「戒名」と言います。道号は戒名を修飾、強調する意味を持ちます。たとえば先の例で挙げた「芝玉大王居士」の場合は、「芝玉」は単に道号という飾りで、あの世では「大王さん」と呼ばれることになります。

昨今の終活セミナーの影響か、葬儀について関心が高まり、それが高じて戒名の自作にまで手をつける人がいるようです。しかし、俳句を一句ひねるくらいの感覚で楽しむならばいいのですが、僧侶に成り代わって戒名をつけてしまうのはトラブルの種になることがあります。

本来戒名は僧侶から授かるものであり、自分でつけるものではありません。それは俗名を親から授かるのと同じで、名前は人につけていただくものなのです。

檀那寺を持っている人は、必ず檀那寺から戒名を授からなければなりません。檀那寺は、檀家から依頼を受けた葬儀に関しては執行から授戒まですべてに責任を持ち、故人に対して授戒の権限があるのです。したがって、他の寺が授けた戒名や宗旨が違う戒名、自分で考えた戒名は通用しません。

故人が檀那寺とは別の宗旨で戒名をつけてもらったことで、トラブルになった例があります。これはその親戚の方からうかがった話です。

「いや、もめにもめた。あのおとなしい婆ちゃんが住職に食ってかかったんだから。

今から10年くらい前に、何を考えたのか亡くなった爺さんが京都のお寺に戒名をつけてもらったらしいんだ。で、婆ちゃんがその戒名が書いてある紙を住職に見せて、これで爺さんの葬式をやってくれと言い出した」

いわゆる「生前戒名」というものです。授かったのが檀那寺であれば、何の問題もなかったのですが……。

「住職がその戒名を見ると、こりゃ違うと言って、怒り出した。これは浄土真宗の法名で、うちは浄土宗だ、と。よその寺につけてもらった挙句、自分の家の宗旨と違うのをもらってきたとは、いったい何を考えてるんだとますます怒ってねえ」

それはご住職にしてみれば、怒るのは当然でしょう。

「婆ちゃんはそこの理屈がわからず、そんなこと言われても困るの一点張りさ。住職には怒られるし、じゃ自分で戒名を考えるから、それをつけてほしいと言い出す始末さ。

そのあとで檀家総代が間に入って婆さんを説得したらしいが、婆さんどこまで理解したか怪しいな。何せ自分で戒名書くなんて言うくらいだからね」

いずれにしろ、戒名はつけ直しになったようです。檀那寺ではないお寺で、しかも違う宗旨で授かった戒名では仕方ありません。

ちなみに、檀那寺に生前戒名を授かることは、生前に墓石を建てるのと同じくらいお目出度いことです。誰でも生前に受戒できます。生前に戒名をいただくと、位牌や墓石に彫った戒名を朱色で染め、亡くなると朱色を落とします。

先の会話に「浄土真宗の法名」と出てきましたが、浄土真宗では他宗のように授戒という儀式を行なわないため、戒名と言わず「法名」と言います。浄土真宗の本願寺では、定額のお布施を納めれば、誰でも法名を授かることができます。阿弥陀仏を信じれば皆平等であるという考え方のため、ランクがありません。故に誰もが同じ形式（釋○○）になり、お布施が安いことでも知られています。

また、最近ではよく院号や位号（居士、信士など）がついた法名を見かけますが、あれは他宗との比較の中で生まれた妥協の産物であり、浄土真宗本来の法名の形ではありません。

さて、戒名は自分でつけるものではないと述べましたが、檀那寺を持たない人は自分でつけた戒名を活かすことができます。

特定の宗教に拘束されない霊園墓地などでは、ある意味どんなことでも可能です。最近は「○○家先祖代々」などと墓石に彫らず、「想い」「愛」「絆(きずな)」など、家墓とは無縁の文字を彫る人が増えています。それは宗教に囚(とら)われたくない思いの表れでもあります。

つまり、自分でつけた戒名に苦言を呈するのは檀那寺だけで、葬儀のときの読経だけ頼んだお寺のお坊さんも文句を言うことはないでしょう。霊園墓地に埋葬するなら戒名がなくてもそもそも問題になりません。ここに自分でつけた戒名が採用される唯一のチャンスがあります。墓誌に自分でつけた戒名を彫っても、誰にもわからないというのがその理由です。ただしこれは他言無用にしたほうがよいと思います。

葬儀業界にとってはブラック!? 香典を辞退するご遺族

「故人の遺志により、御香典、御供花は謹んで御辞退申し上げます」

最近これと同様の看板を葬儀の受付で見たことがある方は多いでしょう。香典やお花はいただかないようにと故人が家族に言い残しましたので、という受取拒否の意思表示です。

「故人の遺志により」は「喪主の意向により」と置き換えられるいわば方便で、故人を前面に出されたら誰も文句をつけられません。故人の遺志であれば香典辞退ではなく、葬儀そのものを家族だけにする、あるいは葬儀をやらないことのほうが多いと思います。

香典辞退の看板を掲げたとある葬儀会場の受付で、弔問に訪れた方が受付係に詰め寄っている場面に遭遇しました。

「香典辞退なんて、そんなの聞いたことがない。生前あれだけ人との付き合いを大事にされた方が？　これは喪主の意向ですか？　故人の遺志ですって？　他の人のことは知りませんが、私はそうはいかないんですよ。受け取ってください」

「お気持ちはわかりますが、おひとりでも受け取ってしまいますと例外をつくることになり、どなたからもいただかないという喪主の意向に反しますので、どうかご理解ください」

「理解できません。付き合いで香典を出すわけじゃないんです。故人には大変お世話になって、本当は香典くらいでは追いつかないくらいなんです。そっちこそ理解してください」

「いいですか。このやり取りを皆様が見ていらっしゃいます。看板まで出して辞退したいと申し上げていますので、申し訳ありませんが絶対に受け取れません」

なんと冷たい受付の係員の応対でしょうか。もし日を改めて喪主を訪ね、香典を手渡しされてはどうですかと助言してあげれば、この方も振り上げた拳を降ろすことができたのに。

この方はどうしても理解できずに受付の係員と押し問答を繰り返し、その挙句、香典を拒否されたと怒って帰ってしまいました。こういう思いを経験したことがある人はおそらく他にもいると思います。見ているだけでも後味の悪い話です。

「香典辞退」は近畿地方に多く、京都を中心に特に近県に広まった現象です。最近では奈良県や和歌山県に非常に多いという業界情報です。いつごろからあったのか関西圏の葬儀社に聞いたところ、京都ではもう何十年も前からあったそうです。何十年という表現は曖昧ですが、つまりはっきりしないくらい前からあったということです。

今のところ東方面は名古屋の手前で止まっているようですが、東日本ではほとんどないに等しい現象です。しかし、東京ではさすがに人口が多いため、ときどき見かけます。以前より増えたのも事実です。

いずれにしろ、「香典辞退」という現象は葬儀業界にとっては大問題で、喪主が香典を受け取らないということは、お返し物もいらないため、その分売上げが下がるということです。お返し物専門業者の悲鳴も聞こえてきます。

こうした中では香典を辞退しない家もありますが、お返し物として商品券などの金券を返すケースがあります。私の経験では、京都出身の喪主が東京で葬儀をしたとき、受付で香典を出したら、それと交換するかのようにビール券を受け取ったことがあります。もちろんビール券と知ったのは、家に帰って封筒の中を確認してからですが、はじめてのことだったので驚きました。

なぜ香典辞退が増えてきたのか

葬儀は家族だけでやりたいと思う人がこれだけ増えれば、弔問客の数やそこにかかる費用も自然と限られ、身の丈に合わない葬儀はやらなくなります。「香典辞退」は京都を中心にかなり前から始まったようだと述べましたが、どうも京都人に特有の個人主義から、「うちは人様から香典をいただいて葬式をやるほど困っておりません」というプライドの高さと、「知らない人から義理で香典はいただけません」という意識が混ざった結果から生まれた流行ではないかという考証があり、私もそれに同感します。

そのことを裏づけるような話があります。

大阪出身の私の知人が、親の葬儀を大阪でやったときに「香典辞退」したと聞き、理由をたずねました。すると、「義理でいただく香典がいやだった」とのことで、受付では見分けがつかないので全員を対象に辞退したそうです。さらに、「べつに他人から香典などいただかなくても葬式代くらい子どもたちで出せるので」とも言っていました。

実は、この方はお茶メーカーの役員だった方で、葬儀業界のことはよく理解していらっしゃいました。にもかかわらず、いざ自分の家の葬儀のときは「香典辞退」をしたと白状されたのです。本意ではなく、兄が喪主だったため反対することができず、風潮に流されたとは言っていましたが、明らかに先の言葉とは矛盾するので、照れ隠しの弁と受け止めました。

しかし、葬式代に困っていない、という考え方にはちょっとびっくりです。義理で包んでもらった香典はいやだというのは同感ですが、気持ちの問題なので拒否するほどのことではないと思うのですが。

こうした考え方が関西圏で受け入れられる土壌は何か。残念ながらその理由はまだわかりません。いつかは首都圏にもその流れがやって来るのかもしれません。来ないと言い切る人もいれば、あと5年で来ると言う人もいます。

2015年10月現在、首都圏の葬儀の平均単価は、飲食やお返し物の代金も含めて140万円ほどです。ただしお寺関係は別です。平均会葬者数は50名を割り込み、親族と親しかった人だけの葬儀の姿が浮かび上がります。

もし「香典辞退」が一般化すると、お返し物の代金約15万円が不要になり、さらに単価が下がります。まだ平均単価は下がり続けていますので、最終的には120万円くらいまで下がると考えられます。それはちょうど軽自動車1台分です。お返し物の専門業者は次々と倒産するでしょう。

葬祭マンの立場からではなく、私個人の考えとしても、香典を出す人の気持ちを考えると、お礼という意味をこめて包む「お線香代」ほどの金銭を受け取らないのは、残念なことだと思います。生前お世話になった方へせめてもの心ばかり、というつもりのお礼と捉えていただけると幸いです。

葬儀料金を値切る遺族

「祭壇の花がしおれていた」
「担当者の態度が悪かった」
「飲み物の単価が高い」
「司会が下手だった」
「人の名前を間違えた」
「打ち合わせの内容と違う」
「遺体の取り扱いが悪かった」
「バスの運転が乱暴だった」

「きちんと説明がなく恥をかいた」

「だから何だよ」と開き直るのはブラック葬儀屋です。

「ずっと照明が当たれば元気な花もしおれる。態度が悪い？　思いどおりにならないからってこっちに当たらないでほしいね。飲み物が高いのは焼肉屋に行っても同じ。司会が下手って言うが、あまりうまい司会はかえっていやがられることが多い。名前の間違いはちゃんと訂正したはず」

などと、ああ言えばこう言い返します。こうした誠意のない態度がまた問題になるのですが。

「そう重箱の隅をつつくような話はやめてほしいですね。もう葬式は終わってうまくいったじゃないですか。うちがいたから滞りなく終わったんですよ。急な追加もちゃんと間に合ったでしょう？」

と、真摯に話を聞こうという気がいっさいありません。

これだけのクレームを一度に受けることは稀ですが、実際にはこの中のたったひとつでも値切りのネタになってしまいます。

以前、香典返しの挨拶状の故人名を間違えてしまい、大きな問題になったことがありました。発覚後すぐに施主のもとへ謝罪にうかがい、どう処理するかを伝え、すでに集金が済んだ代金の一部を返済することについても触れて、その日は帰りました。

翌日、現金3万円と2万円相当の大きな花束をかかえて再度うかがい、施主に差し出しました。3万円という金額は挨拶状の実費の倍に当たる金額で、花束なしで5万円という選択もあったのですが、1回では済まない場合を考慮したのです。

施主はその場ですぐに封筒を開けて現金を見たとたん、

「なに寝ぼけてんだ」

と、現金の入った封筒をポンと私の前に投げたのです。

一瞬頭に血がのぼりかけましたが、こうなった原因をつくったのは当社です。どうすればご容赦いただけますでしょうかとたずねると、

「こっちは恥をかかされたんだ。最高のことを考えて来いよ」

とおっしゃいます。その言い方に、ついまた頭に血がのぼりましたが、ぐっと抑えて

丁重に一礼して帰りました。花束もいらないと返されました。

後日、別の者がうかがい、結末はあとで聞きましたが、結局10万円を要求されたそうです。非は確かに当社にありましたが、この件については正直言うと今でも納得できない出来事で、いくらお客様とはいえ相手の人格を疑う一件でした。

このように、葬儀中に葬儀社に落ち度があると精算時に値引きの話になるケースがほとんどです。鬼の首をとったような勢いで「いくら値引きする？」などと言われることもあれば、直接言葉にして言われなくても、表情でわかることもあります。

ただ、基本的には単なる値切りに応じることは、まずありません。それは葬儀業界に限らず、どの商売でも同様です。そのために見積もりを出し、内容を説明してサインまでいただくのですから。

このごろは数社から相見積もりをとるお客様もいらっしゃり、打ち合わせの段階からギリギリの線で請け負う葬儀社もいます。お客様からご依頼を受け、ご遺体を病院に迎えに行ってご自宅へ安置し、打ち合わせを終えて帰ったにもかかわらず、翌日になって「他の葬儀社より高いからキャンセル」などということが本当にあるのです。

ご遺体を当社会館で預かったにもかかわらず、別の葬儀社にしたので今から引き取りに行くと言って、自分たちは顔も出さず、別の葬儀社にご遺体を引き取りに来させたお客様もいました。

正直なところ、商品のランクを落としたり、数を抑えたりして少なく見積もれば合計金額はすぐにでも下げられます。安ければいいというのは、葬儀などどこでやっても同じという誤った考え方に基づきます。しかし、お試しができないところが難しいのです。

葬儀代を値切るのは不謹慎だと考えている人は多いと感じる一方で、葬儀代など値切るのが当たり前と考えている人もいます。

葬儀を安くあげるには、見積もりの段階で不要なものを頼まないことに尽きます。不要なものをどう判断するかは、ひとつひとつ葬儀社に聞くしかありません。ただ、選択肢があるものは、必ずその違いを聞くこと、自分たちでできることは労を惜しまずやることは重要です。

たとえば、ハイヤーを頼まずに自家用車で済ます、通夜の料理は仕出しを頼まない、または、仕出し料理を頼んだとしても高級にしない、返礼品の金額を抑えるなどが実務的な節約です。

あとは葬儀社によって金額の幅がある祭壇料、棺代、人件費、会場費、設営費などが交渉の余地があるところでしょう。そして葬儀社にお坊さんを紹介してもらう場合、本当に困っていたら葬儀社に相談してお布施を交渉していただく方法もあります。

ただし、いずれも交渉の余地があるだけで、実際に値引きしてもらえるかどうかはわかりません。

第6章 知っておくと便利な葬儀常識

厚生労働省によると、２０１４年に全国で１２７万３０００人あまりが亡くなり、戦後最高の死亡数となりました。これは25秒にひとりが亡くなるペースです。また、内閣府「平成25年版 高齢社会白書」によると、２０４０年ごろに死亡数は年間で１６６万人を超え、そのピークを迎えるそうです。これを超えるとゆっくりと死亡数が減少していきます。

一般に、葬儀の規模は弔問客の人数で判断します。20年前は東京23区内でも、弔問客の数は平均して１００人を超えていましたし、２００人を超えることも珍しくありませんでした。ところが、10年くらい前から１００人を超える葬儀が激減し始め、ここ2〜3年ではついに50人を切る葬儀が大半を占めるようになりました。また、「直葬」と呼ばれる、葬儀をやらずに火葬のみで、お骨にして終わりといったやり方が増え、特に東京では葬儀の2割近くが直葬になる月もあるという、驚くべき現象が現れ始めています。

最終章では、変わりゆくお葬式事情の中で、知っておくと便利な葬儀の常識について解説していきたいと思います。

「家族葬」の注意点

今では「家族葬」と呼ばれる身内だけの葬儀が当たり前になり、多くの葬儀会館では弔問客のいないガランとした葬儀が毎日行なわれています。

「家族と親戚で20人もいないのに、広い式場じゃ寂しくていかん。ガランとしてみっともないくらいだ」

こういう声が、あちらこちらから聞こえてきます。

「亡くなった親父は今年90歳になったが、親父の兄弟もすでに皆、死んでしまった。疎遠になった親戚に連絡してもそう大勢は集まらないし、連絡がついたところで皆が年寄りなので葬式に来られない。近所の人も義理で来る人くらいだね」

こうした事情は老人の葬儀に共通しており、「家族葬でやりたい」というよりは、「家族葬にしかならない」のが本当のところなのです。喪主がまだ現役で仕事をしている方なら、仕事関係の弔問客が来ることがある程度予測できます。しかし、すでにリタイアした人が喪主で、その親の葬儀となると、どう考えても仕事関係の弔問客は来ません。

「おふくろの葬儀のときは現役サラリーマンだったので会社関係だけで100人以上来

たが、親父のときは退職後だったからひとりも来なかった。現金なもんだが、立場が変われば自分も葬儀には行かないと思う」

こうした現実は今も昔も同じです。それは仕事関係の弔問は対個人ではなく、対会社の義理立てであるからです。

問題は、故人が現役であった、あるいは喪主が現役であるにもかかわらず身内だけで葬儀をすることにあります。身内だけでする理由は、

1　義理で葬儀に来てくれなくてもいい
2　訃報を聞けば相手に気をつかわせてしまうので知らせない
3　人との付き合いがわずらわしい
4　人が来ると金がかかるので
5　故人の遺志なので

などが考えられます。

故人の遺志ということでご遺族も納得しているのであればいいのですが、もし故人だけがそれを望み、ご遺族はそれに賛成できないときは、故人には申し訳ありませんがご遺族の意向を優先し、葬儀を行なうことをおすすめします。

「亡くなった主人は生前に葬式など不要、墓もいらないと言い続けていたので、遺志を尊重してそのとおりにしました。ところが、お骨になったあと、主人が他界したことを聞きつけて、自宅に弔問に来られる方があとを絶たず、四十九日を過ぎるまでに30人以上も来ました。そのたびに不義理を責められ、故人が可哀想とまで言われました。こんなことなら遺志など無視して、きちんとお葬式をやればよかった」

これは、ごく身内だけの葬儀をして、死亡連絡をしなかった場合によく聞かれる後悔の弁です。来た人全員に葬式をやらなかった不義理を詫び、こんなことならちゃんと葬式をやればよかった、と後悔するケースが非常に多いことは、長年の経験で実感していますし、周囲でもそのような声をよく耳にします。

家族葬という響きのいい言葉につられてご自分の家の事情に即さない葬式をやると、場合によっては手痛いしっぺ返しを食うということです。

今、葬儀社では、こうした経験談を家族葬を希望するご遺族へ話します。

「このような声が出てくるのはごく自然であり、葬儀の意味をよく考えると、区切りをつけるためにお葬式は必要です。ご家族の知らない人が来るかもしれませんが、故人の縁につながる人であり、最後の御礼の意味をこめて来られるのです。そうしたつながりを大事にされたほうがいいと思います」

家族葬にしかならない家ならともかく、普通にやれば100人は弔問客が来るような家に対しては、そのようなケースもあることを事前に説明しておかないと、あとになって「あのときアドバイスがなかった」とクレームになりかねない世の中です。

弔問客はそれぞれがご自分の意志で弔いに行くわけで、ご遺族が招待するわけではありません。生前に故人が築いた関係の方が自発的にいらっしゃるのがお葬式です。自分の知らない人が弔問に来るのはいやだという考え方は、故人と弔問客のつながりを断つことになりかねません。ご家族が知らない故人のつながりを否定する権利は、ご遺族にはないと思います。

いろいろな人が弔問に来られてはじめて故人の交際の広さを発見したり、世話になったという人から故人の昔話を聞いたりすることができるかもしれません。葬儀とはそういう場でもあります。

家々の事情もあるとは思いますが、可能であるならば人を呼んで、大勢の人に見送られる葬儀にしていただきたいものです。世の中には人を呼びたくてもそうできない人もいます。むしろ見送りに来ていただけることは幸せなことではないでしょうか。

新型葬儀「ワンデイ・セレモニー」

このごろは、通夜をやらない葬儀が出始めました。葬儀・告別式だけやって火葬場へ行く「ワンデイ・セレモニー」と言われる通夜の省略型葬儀です。

しかし、このワンデイ・セレモニーは、檀那寺を持っていない人や、葬儀を宗教色なしでやる場合に限られます。

当然のように、檀那寺を持っている人は檀那寺に葬儀を依頼することになります。通夜と葬儀・告別式はあくまでセットの儀式として認識されていますので、通夜をやらない葬儀が檀那寺に容認されることはまず考えられません。

檀家になっているということは、寺院という組織に所属していることを意味し、そこの責任者であるご住職から戒名や法名をいただくことが檀家である証となります。それを知らずに、あるいは無視して檀那寺以外のご住職に戒名をいただくと、大変なお叱りを受け、場合によっては先祖の墓に入れない、戒名をつけ直すなどということになりかねません。第5章でも触れましたが、実際にそのようなケースもありました。

これが葬儀社の紹介で来るお坊さんならば別です。自分の檀家ではないので、通夜をやらなくてもダメとは言えません。下手をすると、火葬場の火葬炉の前だけの読経を引き受けるお坊さんもいます。火葬前と火葬後（集骨または収骨のとき）に数分のお経を読むだけの仕事です。火葬のみ行なう場合にときどき見かけます。

中には火葬場に同行しないお坊さんもいます。本来は、火葬前後に行なう読経は儀式ではないので、絶対に必要なわけではありません。行く行かないはお坊さんの都合や考え方次第です。したがって、個人的には火葬場だけの読経には、とても疑問を感じます。

なお、自分に檀那寺があるかどうかわからないという方もいらっしゃいますが、ご先祖のお墓がある寺院が檀那寺ですので、もし行ったことがなくても、どこかでご先祖のお墓について聞いたことがあれば確認をとることはできます。

墓地や墓石の継承者は檀那寺のご住職と直接の関係があり、檀家と言えますが、継承者の家族以外の所帯は檀家とは言いません。あくまで寺院と家の代表者との関係です。「○○家の檀那寺」という表現がそれをよく物語っています。

「家族葬」「直葬」「ワンデイ・セレモニー」など、10年前には認識すらありませんでした。この変化は必要から生まれたものなのか、本音から生まれたものなのか、それとも、誰かが仕掛けたものなのか、それはわかりません。

しかし、この風潮は、これはこれで代表的なやり方となって継続すると考えます。今後は昔のような葬儀を行なう家はごくわずかになるでしょう。

お坊さんにまつわる手順

手順を踏むことは公私問わずいろいろな場面で必要ですが、こと葬儀に関しては、手順を踏まないとまったく先に進めなかったり、逆に準備万端に手順を踏むことですべてがスムーズに流れたりすることがままあります。

手順についてよくトラブルになることに、檀那寺への死亡連絡があります。

檀那寺のある人は、葬儀社がご遺体の安置先に到着して葬儀の打ち合わせを始める前に、ご住職へ第一報するのが正しいタイミングです。

よくある悪い例が、葬儀の打ち合わせが終わってから、つまり日程や時間を先に自分たちで決めてから連絡するパターンです。これはご住職の都合をまったく聞かずに決めたことになり、怒られて当然で、場合によっては日程や時刻の変更を言われても仕方ありません。

喪主としては、できれば葬儀社との打ち合わせ前、それが難しければ打ち合わせ中に檀那寺に電話をし、ご住職へ誰々が亡くなったと告げ、「ついては葬儀をお願いしたいのでご都合はいかがか」と聞くのが手順であり礼儀です。その後、ご住職の都合に合わせた日程や時間をもとに葬儀の打ち合わせを終わらせ、再度電話をかけ、決まったことを伝えるのが正しい手順です。その際に、式場の場所を伝え、式場までの移動手段をどうするか聞くのも礼儀です。

打ち合わせでは、葬儀社がリードしてお葬式の内容を決めていくことになりますが、檀那寺との関係はご家族との問題であり、それを考慮に入れて打ち合わせをするのが葬儀社の仕事です。

それをやらずに、檀那寺を退けてどんどん勝手に決めてしまう葬儀社であれば、それこそブラック葬儀屋です。基本的な知識に欠け、相手の立場を考えられない（想像もできない）、自分たちのペースでことを進めようとする、ダメ葬儀屋と言えます。

本当はできればこのときに、なぜこの順番で連絡しなければ相手の不興を買うのかを喪主にきちんと説明できればさらにベターです。

仮に、ご家族側がそのご住職に対して不信感を抱いていたとしても、ここは檀家として基本的なルールを守ることが大事です。この先、戒名をいただく、読経をあげていただく、納骨でお世話になるなど、まだお願いすることが残っています。関係をよくしておくことは悪いことではありません。

さて、いざ葬儀が始まってしまうと、もう大きな番狂わせはありません。

しかし、かつて当社がお坊さんを紹介したケースでこんな話がありました。

通夜の読経が始まったとたんに、ご親戚の方々がザワザワと落ち着かない様子になりました。喪主は何が起こったのかわからず困惑顔です。通夜の担当者も理由がわからず、とうとう通夜の読経が終わってしまいました。

葬儀社が紹介したお坊さんが退席すると、親戚の長老が喪主にそっと耳打ちしました。

「宗旨が違うぞ。○○家は日蓮宗だ。今のお経は南無阿弥陀仏（なむあみだぶつ）だった」

「ええっ？　南無阿弥陀仏じゃないんですか？」

「南無妙法蓮華経（なむみょうほうれんげきょう）だ」

なんと、当社が依頼したのは、宗旨違いのお坊さんだったのです。

これは打ち合わせのときに喪主が自信をもって浄土宗だと言い切ったため、疑うことなく浄土宗のお坊さんを手配したせいでした。打ち合わせ担当者が、手がかりになる仏壇や先祖の位牌を見せていただくなどの手順を踏まず、喪主の言葉を鵜呑（うの）みにした結果です。

これは葬儀社側が確認しなかったことに原因があります。このときは、通夜が終わってすぐに日蓮宗のお坊さんを手配し直し、翌日の葬儀はことなきを得ました。

自ら取り仕切った自宅葬の例

誰もが自宅で葬式をやっていた時代は苦労を苦労と思わずにやってきましたが、便利な葬儀会館ができたことで、葬儀社が創意工夫する機会が失われ、手のかからない平凡な葬式が一般的になったように感じます。

個人的な意見として、葬儀会館でのスマートな葬儀は、仕方ないとはいえ味気ないと感じています。

私の父親の葬儀は火葬場の斎場を借りてやりましたが、平成25年9月に母親が他界したときの葬儀会場は自宅を選びました。それは父親の葬儀のときに味気ないと感じたことと、自分の葬儀は自宅でやってもらいたいとの母自身の希望があったからです。

母とは同居していなかったので、葬儀のために母の家と自宅を行ったり来たりするのが大変でしたが、通夜の前日から全部終わるまで、どんと家に腰を落ち着けて葬式を堪能しました。変な感想ですが、味のあるいい葬式ができたと自負しています。

条件がよかったのは、6部屋ある平屋の家に母がひとりで住んでいたことと、不要な

■ 自宅葬準備の流れ

❶ **入浴中、洗い場に倒れていた母を私が発見**(死因は脳内出血)

⬇

❷ **検死のため警察署へ移送される**(同時に葬儀社へ葬儀を依頼)

⬇

❸ **翌日の検死後、葬儀社といっしょに母を自宅に連れて帰る**

⬇

❹ **檀那寺と親戚へ訃報を伝える**

⬇

❺ **葬儀の打ち合わせを始める**

〈式場〉 14畳(8畳と6畳)遺族20人が座れる

〈お清め席〉 16畳(8畳×2部屋)合計で40人座れる

〈弔問客〉 近隣と知人で50人くらいを見込む
＊お焼香は玄関から入る

〈受付テント〉 自宅の駐車場2台分
＊手伝いは近隣の人に依頼、2日間で延べ6名

〈通夜料理〉 50人分とそれ相当の飲み物を葬儀社へ依頼

〈控え室〉 奥の6畳を檀那寺のご住職の控え室に

〈駐車場〉 すぐ近所の菓子工場の駐車場(20台は駐車可)を借りる

〈配膳〉 料理屋のプロ3人に頼み、台所を任せる

〈お返し物〉 受付テント内で渡す
＊150個用意(うち50個は予備)

〈火葬場〉 宮型霊柩車1台
マイクロバス1台(24人乗り)
自家用車3台

〈精進落とし〉 5,000円懐石弁当30個

⬇

❻ **内容を確認して見積書にサインする**

⬇

❼ **葬儀の日程、時刻、出欠の確認のために檀那寺と親戚へ連絡を入れる**

⬇

❽ **町内の自治会役員の方へ葬儀の日時を知らせ、弔問客用の駐車場を借りる家に挨拶に行く**(この先は斎場での葬儀と同じ)

ものを処分してあったため、余計なものが部屋になかったことです。

そのときのことを前ページに簡単に紹介しますので、自宅での葬儀を考えていらっしゃる方の参考になれば幸いです。

通夜はほぼ予想どおりに行なわれました。弔問客の人数が見込みどおりだったため、料理も過不足なく、配膳も2名で済むところを3名頼んだため、2部屋に分かれたお清めの席に対応できました。

翌日も同様に進行しました。私の仕事の関係で「預かり香典」が多かったため、お返し物だけが50個追加になりましたが、あとは見積もりどおり。

自宅葬儀のポイントは、どうやって式場をつくるか、どこに控え室を用意できるかで、お清めはできなければしなくてもいいのです。1000円くらいの折り詰め寿司とお酒を配った例もあります。

自宅での葬儀は、家族はとてもエネルギーを使いますが、家にいながらにして葬儀ができる、移動しない楽さは自宅葬ならではです。家の構造上の問題、家族の反対などが予想されますが、家族葬を望むのであれば広い式場はいらないので、自宅での葬儀も考えてみてはどうでしょう。

追加・変更の決定権

第3章「名士に群がる人たち」の中で、葬儀屋さんの独断とも受け取れるような、通夜料理の追加にまつわる話をご紹介しました。これは、「料理が足りなくなったときには相談します」と事前に喪主には伝えていたけれど、実際に足りなくなったのが式中だったために喪主に相談できず、葬儀社の一存で発注したケースです。以前のように弔問客が大勢来る時代には、よくあることでした。

ブラックなやり方は、通夜の担当者が事前に喪主との打ち合わせなしで勝手に追加し、その事後報告もしないことです。あとからそのことを知った喪主が葬儀社の担当者に問いただすと、

「足りなかったので、私の判断で追加しました」

「はじめから少ないと思ったんですよ。だから開式してすぐに追加しました。相談に行こうにも式中なんで、仕方なかったんです」

といった言い訳をします。そもそも「式の最中に明らかに料理が足りないと葬儀担当者が判断したときは、喪主に相談せずに臨機応変に対応する」という了解を事前に取り付けておくのが、きちんと仕事をする葬儀社です。

通夜料理は、主に煮物、オードブル、てんぷら、寿司などが各種4〜5名分の盛り合わせになっており、葬儀社から仕出し料理屋へ、遅くとも通夜の前日に発注します。通夜が始まってからの追加はできません。したがって追加する場合は、仕出し料理屋ではなく、寿司屋へ頼むことになります。

しかし寿司屋にも、出前を積極的に受ける寿司屋と店の客を優先にする寿司屋があります。たとえ出前を積極的に受ける寿司屋であっても、たとえば5人盛の寿司を4台、30分以内に届けられる店がどこにでもあるでしょうか。時間帯は午後6時半から8時ごろ、もし土日だったら店が混んでいるかもしれません。そう考えると、足りなかったら寿司を頼めばいいという安直な考えは捨てたほうがいいのです。

5人盛の上寿司なら1万円は下らないので、もし5台以上追加で頼むなら、葬儀社が勝手にはできないと考えるのが常識でしょう。このあたりの事前のチェックがプロの仕事なのです。

追加するときに喪主にうかがいを立てなくても問題にならないのはお返し物です。これは余れば返品できるためで、通夜の担当者がはじめから余分に手配している場合もあり、勝手に追加したとは絶対に言われません。お返し物の決定権はむしろ葬儀社にあるといっても過言ではありません。

他に変更が発生する可能性があるものとして、告別式後の出棺のときに火葬場へお伴するハイヤーやバスが考えられます。しかし、これは前日の通夜が終わった時点で人数と車両の確認をとっておけば、直前になって足りなくなることはまずありません。車両数の変更が生じるとすれば、行く予定のなかった人が自家用車で急に火葬場までついて行ったケースだけで、この場合は、喪主も葬儀社も車の心配をする必要はありません。

あとは、通夜料理と同じように、火葬場から戻ったときの精進落としの席に用意する食事の追加が考えられます。おおむね３０００円～1万円の懐石料理（弁当）になることが一般的です。この追加の判断は難しい要素があり、経験をつまないとピタリといかないことがあります。

霊柩車に故人を納めると、火葬場までお伴する人がハイヤーやバスに分乗します。あるいは自家用車で行く人もいるでしょう。葬儀社はそうした人を正確に数え、出棺直前に把握しておきます。その合計が事前に受けている料理の数を超えた場合にどうするかを、通夜料理のときと同じように喪主と打ち合わせをしておかなければなりません。

これは、人数が弁当の数を超えなければ問題になりません。しかし、ひとつでも足りないと料理のない人が出てしまい、恰好がつきません。この場合も、同じ料理が手配できればそれでよしとし、できなければ品が変わっても家族がそれを食べれば済むことなので、何とか頭数だけはそろえます。

もっとも厄介なのが、火葬場から帰ってしまう人がいて、しかもそれが事前に知らされていないときです。この場合は不足こそしませんが、気を利かせて追加したらそっくり余ったということになりかねません。高い料理なので、いくつも余ってしまっては喪主に負担がかかります。

追加というのは葬儀が進行していく中で随時起こることですが、それとは違って内容の変更を喪主から相談されることもあります。一度決めて見積書にサインをしたものの、あとで冷静に考えてみたら見積金額が高いので、祭壇、棺、料理の内容、お返し物を変更したいと申し出てこられるケースがほとんどです。だいたいは親戚などまわりに言われることが多いようです。

こういう場合、ブラック葬儀屋なら黙っていません。

「残念ですが、すべて手配が済んでいるので変更できません。今からの変更だとキャンセル料が発生します。そうすると、かえって高くつきますけどどうしますか。サインももらっていますので、決めたとおりにやったほうがいいと思いますよ」

さすがに当日の変更はできることとできないことがありますが、たとえ見積書にサインをしたあとでも、前日までの変更なら特注品以外はキャンセル料は生じないので、ブラック葬儀屋の口車に乗せられないようご注意を。

「お坊さん紹介します」

東京とその周辺には、多くの元地方出身者が住んでいます。仕事を求めて地方から上京し、そのまま東京に住み着いた人の子孫です。戦後の団塊世代の東北の若者たちも集団就職で上京し、多くが東京に残りました。

その結果、東京で所帯を持った人は、自分の墓を自分で用意する必要が生じました。いずれの寺の檀家にもなっていない人が東京に多いのは、地方出身者たちが特定の寺院に属せず、多くが霊園などに墓地を求めた結果です。こうした背景から、東京の葬儀では、「お坊さんを紹介してほしい」とご遺族に言われるケースが多いのです。

ご自分の家の宗旨がわからないことも珍しくありません。その場合、きちんとした葬儀社なら、次のように対応します。

「宗旨がわからない？ それでは、まずはご親戚の家にお電話して聞いていただけますか？ 今さら恰好悪くて聞けない？ では南無阿弥陀仏とか南無妙法蓮華経とかは、聞き覚えか見覚えありませんか？ お大師様とか永平寺さんという言葉はいかがですか？おばあちゃんたちが太鼓を叩いていたとか、何でもよろしいのですが」

まるで民俗学の聞き取り調査みたいですが、仏壇がある家ならまだしも、葬式を出したことがない家では仏壇もないため、ヒントが見つからず困ることがあります。仏壇のご本尊やご先祖の位牌の戒名から宗旨がわかることがあるからです。

お坊さんの紹介は、葬儀社にとってきちんとした業務のひとつです。葬儀社はいろいろな宗旨のお坊さんと個別に契約するケースや、お坊さんを取りまとめている宗教法人と契約して、そこからいろいろな宗旨のお坊さんを派遣してもらうケースがあります。いずれも、いわゆる「頼まれ坊主」です。

葬儀社は契約しているお坊さんに喪主を紹介するだけで、お布施は喪主が直接お坊さんへ手渡しするようにお願いしています。金額については戒名のランクにより葬儀社で決められていて、お客様にも明示します。必要ならば、お坊さんへ受取証をお願いすることもできます。ただしこれは、領収書ではありません。

お坊さんから葬儀社へなにがしかの謝礼が払われるので、高いお布施（いい戒名）のほうが儲かるということにはなりますが、個々に異なり、その金額や利率はそれぞれの契約に関することなので明言を避けます。

お坊さんの紹介というのは、通夜と葬儀だけのご縁として紹介するケースが多く、まれに檀那寺のご住職の都合がどうしてもつかずに、とりあえず通夜と葬儀だけ同宗派のお坊さんを紹介するなどもこれに含まれます。その場合、戒名は後日にして俗名で葬儀を行なうこともあります。

　ときには紹介したお坊さんとお客様が意気投合し、その後もずっと付き合うことになるケースもあります。お坊さんの中には僧籍（僧侶の資格）だけを持ってどこの住職にもなっていない人もいますが、多くは住職としてお寺や檀家の管理をしていますので、紹介したお客様が葬儀のご縁でそのお寺の檀家になったというのは、こちらとしても嬉しい話です。

読経時間は葬儀社でコントロール

　葬儀における読経とは、お経を唱えて死者の菩提を弔う、または本尊に帰依(きえ)して死者を成仏させることです。経文を見ながら声に出してお経を読みあげます。宗旨により根本経典も、唱えるお経も違います。一部に共通しているのは般若心経(はんにゃしんぎょう)くらいでしょうか。

　通夜の読経は30～40分、葬儀の読経も30～40分、初七日は15分前後が一般的な長さです。ちなみにお布施の金額によって、読経の長さが左右されることはまずありません。

しかし、明らかに短いときは、お坊さんに何か都合があるか、本当に金額に左右されたときでしょう。

読経の長さが決まっているのは進行上の制約があるためで、特に葬儀はタイムスケジュールどおりに進めなければなりません。それは関係する車両、火葬場、料理、人の手配などすべてが時間予約で動いているので、ひとつの遅れが全体に影響を与えるからです。

お坊さんもその点は心得ており、タイムスケジュールを無視して延々と読経が続いたというハプニングは、かつて見たことも聞いたこともありません。それでも参列する人の多くは、読経時間が長いと感じるのではないでしょうか。

通夜のとき弔問客が非常に多い場合は、読経を1時間でお願いすることもあります。でもそれ以上は望まれませんので、焼香を待つ行列が続いていても、お坊さんは途中で退席となります。

葬儀・告別式のときは、40分以上読経が続くとそれ以後のスケジュールが詰まり、故人とのお別れに時間が足りなくなることもあります。あわてて ことを進めたばかりにクレームになったこともありました。十分にお別れができなかったというクレームは取り返しがつかないため、もっとも気をつかうシーンなのです。

亡くなったのがお子さんや若い人のときは、お別れに時間がかかることが多いので、40分の読経を前提に開式を30分早くすることで対応するのが葬儀社の配慮です。

いずれにしろ、読経時間については葬儀社のコントロールの下にあると言えます。

「墓はいらない」

お墓の問題は、要するに「お骨をどうするか」ということから考えるのが解決の糸口です。

納めるならどこに、納めないならそのお骨をどうするのか、そこが焦点となります。どこかにお骨を納めたいと望んでいる人たちも、お墓の有無、お墓に対する考え方の違いで、次のようなパターンに分かれます。

ここでは、親のお骨という前提で話を進めます。

①自宅から離れた国元に先祖代々のお墓があるので、そこに納めたい

②今住んでいる家の近くにお墓があるので、そこに納めたい
③納骨堂を借りたので、そこに納めたい
④合祀（ごうし）して永代供養を望んでいる
⑤散骨を考えている
⑥まだお骨を手元に置いておきたい

それぞれに事情がありますので、その考えを尊重するとして、いくつか課題がありますので現状や実例を挙げながら個々に検証します。

①国元のお墓

故郷が遠い人の帰省話を聞くにつけ、大変さがうかがえます。

お骨は納めてしまえば終わりではありません。お墓を継承するとは、先祖の供養を引き受けることです。親の年回供養は当然として、祖父母の年回供養もやらなければ親戚に顔向けができないと考える方もいらっしゃるでしょう。

いずれ国元へ戻るならこの選択でいいと思いますが、戻らないならば、檀那寺や親戚（親の兄弟など）へ相談することをおすすめします。お墓の遠距離管理は非常にハイリスクです。

また、お骨の一部を分骨する、国元の墓を整理してすべてのお骨を新しい墓へ移す改葬という選択肢もあります。今まさに団塊世代の人たちがこの課題に直面しており、改葬が増えていると新聞記事になったほどです。

②家の近くのお墓

国元にお墓はなく、近所に新しくお墓を買ったという場合です。現在、墓地を探しているという人も含みます。このケースは特に問題はありません。

ひとつ気になるとしたら、公営霊園を希望している場合、申し込みは抽選のため、必ずしもほしいタイミングで当たらないという現実です。しかも、もし当選したら3年以内にお墓をつくらなければならない、というような制約があるので要注意です。公営霊園は安いので人気があるために非常に当選確率が低く、急ぐ人には向いていないかもしれません。

民営霊園は、都心から距離が遠いほど安くなる傾向にあります。まるでゴルフ場のようです。

③納骨堂

納骨堂とはロッカー式の納骨スペースのことで、墓地のように永代供養料を払って借ります。納められるお骨の数に制限があり、〇人用という広さによって料金が異なります。納骨といっても埋葬ではなく、自分のスペースにお骨を置いておくというイメージです。

寺院の中にそれらしい建物を建てているところや、普通のビルのような納骨堂もあります。

このお墓のスタイルは、今後大いに受け入れられると感じています。

④合祀して永代供養

子どもがいない夫婦、独身者などでお墓を必要としない人や、お墓はあるが入りたくない人、わけありで入れない人など、後事を寺院に託して生前に永代供養を申し込むパターンです。

死んだら合祀墓に埋葬していただき、寺院に一定期間の供養をお願いするのです。もちろんきちんと契約を交わし、代金は前金で納めます。

また、「樹木葬」という供養の仕方があります。これは宮城県のある寺院が、お寺の敷地内に合祀墓をつくり、墓の中央に墓石ではなく木を植えて墓標としたのが始まりと言われています。お骨は多くの人とともに合祀され（合葬）、ご遺族はその木に向かって手を合わせます。

⑤散骨

少し前のことですが、故人の遺言で山に散骨したご家族が、お骨を撒かれた土地の所有者に訴えられました。このときは、こともあろうに、骨壺に納めてある人骨をそのまま撒いたとのことでした。

およそ日本の国土で所有者のいない土地はなく、個人、自治体、国のいずれかが地主です。したがって、所有者に黙ってお骨を撒くのはマナー違反です。焼骨といえども人間の骨と認識できるお骨を撒くのは遺棄となり、犯罪と見なされます。

お骨を1ミリくらいの粒状にして、人骨とわからないように処理することが散骨の条件です。

散骨は届け出る必要はありませんが、常識の範囲でやらなければトラブルになります。立場を替えて考えなければいけません。自分の土地に人骨を撒かれたらいい気持ちがしないのは当たり前です。

散骨そのものは合法とされましたが、やり方や場所をよく考えなければ迷惑と思う人がいます。そのため場合によっては違法となりますので要注意です。

ちなみに、焼骨はまったく人畜無害で、土に還って肥料になるそうです。

⑥お骨を手放せない

友人の10歳のお子さんが、野球の練習中の事故で亡くなりました。

友人夫婦の悲しみは深く慰めようもないくらいでしたが、何とか葬儀を終わらせました。しかし母親である友人の奥さんは四十九日が過ぎても納骨を拒み、自宅の仏壇の中にお骨を置いたまま毎日を呆然（ぼうぜん）と過ごしたそうです。

友人は、お世話になったお坊さんに納骨するよう説得してもらいましたが、ダメでした。そのうち夫婦の関係が壊れ始め、友人は仕方なくお骨を分骨し、離婚した奥さんへ渡しました。友人が引き取ったほうのお骨は友人の先祖代々の墓に入れられ、一昨年十三回忌を終えました。

おそらく奥さんのほうは、その小さなお骨をまだ仏壇に置いたまま供養を続けていることでしょう。

お骨は、もし墓がないなら一時的（たとえば都営霊園の場合、毎年更新で最長5年間）にお寺や霊園に預けることもできるので、あまり長く自宅に置かないほうがいいと言われてきました。それは家族の悲しみが癒（い）えないからで、日常に戻る機会を与えるためにも、お骨は自宅に置かないほうがいい、という考えからです。

その一方で、お骨を納めるスペースがある仏壇が売られていたのを見て、これもありかな、と考えさせられました。

葬儀業界には「グリーフワーク」（悲しみの癒やし）という、ご遺族に対する心のケアをするアフターサービスがあります。これは悲しみが癒えない人に、「もう悲しむのはやめなさい」とは言わず、「悲しむだけ悲しみなさい」と寄り添うことで心を癒やすケアです。

仏教の観点からは「早く納骨しなさい」とすすめますが、グリーフワークの観点からはまだいいということになります。かなり以前から葬儀業界ではこのケアの有効性を認知しており、もっと広げたいと考えています。

したがって、納骨をしなければ絶対ダメという理由はありませんので、ご遺族の考えが決まっているようであれば、したいようにさせてあげるのがいちばんだと思います。しなければいけないという法律はありません。

この節の「墓はいらない」というショッキングな見出しは、実は私自身が「本当にいらないのでは」と考え始めたからです。

『千の風になって』という唄で、故人はお墓の中にいるわけではなく、風になっていつもあなたのそばにいる、という驚くべき死生観が示されました。お骨を絶対視していた人は、目からうろこが落ちたのではないでしょうか。

私もこの考えに賛同します。本当にお墓がいるかどうか、自分や子、孫の将来を見据えてじっくり考えたいものです。

葬儀にかかわる人たち

私たち葬儀社と深くかかわる業界と、かかわる人たちのことに触れたいと思います。

まず、かかわる業者を挙げてみます。

①火葬場
②霊柩車、寝台車、ハイヤー、バスなど輸送業
③葬儀用具の製造販売（祭壇、仏具、棺、線香・蠟燭（ろうそく）など）
④湯灌サービス

⑤生花屋
⑥花環屋
⑦仕出し料理屋
⑧ギフト製造販売
⑨人材スタッフ派遣

大別すると、①〜④の葬儀専門の業者と、⑤〜⑨の冠婚葬祭両方を扱う業者があります。両方扱うといっても、多くの業者が葬儀を主体としています。

葬儀社は、お客様からの注文に応じてそれぞれに発注して支払いをします。工務店が家を建てるのに下請け業者へ発注するのと同じシステムです。ただし、基本的に休みがない、すぐに用意する（間に合わせる）の2点が葬儀業界の常識であり、このリスクの高さが料金の高さに反映されているといっても過言ではありません。

では、ひとつずつ簡単に紹介しましょう（次の／以降の人数は葬儀1件に対してかかわるスタッフ数です）。

①火葬場／10人くらい

東京23区と多摩地域には、民営、都営、広域（自治体による共同運営）、市営などの火葬場が合計18か所と、伊豆諸島と小笠原諸島で8か所の火葬場があります。23区だけに絞ると9か所ありますが、そのうち7か所が民営火葬場です。

民営火葬場には火葬料金の設定が2～3ランクあり、最下位が普通ランクです。ここで言うランクの違いとは、普通ランクの場合は同じ火葬炉が大きな部屋の内に複数あり、上位ランクの火葬炉は部屋が個室になっている点です。上位ランクの火葬炉はつくりも豪華で、ひと目で違いがわかります。料金も倍になりますが、火葬そのものはすべて同じです。原則として葬儀式場の最寄りの火葬場を申し込みますが、23区内の場合はまず、公営か民営かを選びます。

②輸送業（車両）／3人以上

東京の霊柩車は、以前は1社独占でしたが、最近では葬儀社が自社の霊柩車を運用し始めました。寝台車はご遺体搬送専門の会社の車両で、東京から全国へご遺体を搬送します。ハイヤーやバスは葬儀式場と火葬場の間の送迎を受け持ちます。

霊柩車や寝台車は陸運局に登録された緑ナンバーの車両で、距離と時間で料金が決まります。

③葬儀用具の製造販売業／カウント不可

葬儀に使う用具と備品の製造販売です。全国に支店を持つ大手から地方の会社まで規模はさまざまで、葬儀に関する何でも屋的な存在です。中国に提携工場を持つところが多く、木製品や布製品などは中国でつくっています。葬儀社は複数の業者と取引しています。創業から2～3代目の業者もあり、業界内では古参の業種です。

④湯灌サービス／3人以上

在宅老人向けの巡回入浴サービスから生まれた湯灌儀式のサービス業です。
湯灌とは、ご家族でご遺体を洗い清め仏衣を着せることですが、このサービスでは納棺まで行ないます。ご遺族が見守る中で行なわれ、サービスを受けて感動されるご遺族が多く、葬儀の中でもインパクトの強い人的サービスの代表です。

このサービスはあくまでオプションですが、ご案内すると申し込まれるお客様が多く、最盛期のときは6割近くの受注率があったほどです。今は以前より減りましたが、まだ根強い人気があります。

ちなみに、病院で行なわれるご遺体の処置は「清拭(せいしき)」と呼ばれ、このサービスとは別のものです。

⑤生花屋(花屋)/3人以上

葬儀専門のスタッフが生花の装飾品などをつくり、供花として提供します。肉体労働と繊細な技術の両方を要求される葬儀の裏方の代表とも言えます。最近では葬儀社が生花部を創設して内製化している会社もあります。

⑥花環屋

かつては生花と同様に供花として扱われましたが、式場の事情や時代の変化に抗えず、東京では現在、開店休業の状態です。残念ながらなくなると思います。

⑦仕出し料理屋／10人以上（調理スタッフ含む）

通夜料理、精進落としの弁当などの製造販売で、温かいものは温かく、冷たいものは冷たく提供する工夫と努力には脱帽です。

配達、配膳、片付けとすべて請け負います。高いけれど、美しくて美味しいというのが世間の評価です。

葬儀社によっては自社で調理できるところもあり、自社会館の料理は、できるだけ自分たちで提供します。この場合、配膳は葬儀社の職員が行ないますので、心づけの心配はいりません。

⑧ギフト製造販売／5人以上（製作スタッフ含む）

通夜、葬儀のときに渡す返礼品の業者です。数十アイテムを常に在庫管理しており、自社で加工したり、卸したり、現場へ届けたり、引き取ったりと日夜奔走(ほんそう)しています。葬儀専門の業者も多く、競争の激しい業界でもあります。

⑨人材スタッフ派遣／臨時が多い

女性セレモニースタッフとして、司会者のサポート的役割や焼香の案内など進行の手伝いをします。他に配膳として通夜の席へ派遣されたりすることもあります。女性スタッフが多くいる大手の葬儀社では、お世話になることはあまりありません。

以上、単純に計算すると合計34人以上となりますが、専門業者に頼まないこともあるので、葬儀1件につきかかわるスタッフの数は、葬儀社のスタッフも含めておおむね30人と見ます。

こうしてみると、1件の葬儀にかかわる人数が意外と多いことに気づきます。想像していたより大勢ではないでしょうか。

葬儀の規模にあまり関係なく、葬儀を請け負って施行するには、大勢の人たちの手を借りることになります。それぞれが自分の専門分野で力を発揮し、その対価としてお客様からお金を頂戴しているわけです。

おひとり様の葬儀

身のまわりに、結婚歴がなかったり、配偶者と死別または離婚したので独身という人は、案外多いのではないでしょうか。

私の職場にはスタッフが21名いますが、そのうち45歳を過ぎて結婚したことがない独身者が4名と、死別または離婚を経験した独身者が4名います。合わせて8名の独身者のうち6名は、おそらくこのままずっとおひとり様だと思われますので、私の職場の「おひとり様率」はおよそ29パーセントです。これは多いほうかもしれません。

数年前に、書籍やテレビドラマの影響で「おひとり様」という言葉が取り沙汰(ざた)されました。ですがこのとき注目されたことがらはどうしてもお金のことが先立っていて、貯蓄、年金、そして親の財産処分のことなどマネープランの視点から見ることが多かったように感じます。もっとも、夫婦そろっていても、子どもが何人いても、別々に生活していれば、お金の心配は共通の課題です。

こと「おひとり様」にとって切実な問題は、自分が死んだときのことではないでしょうか。万一のときのことを考えて、身の周りの物や貯蓄、家などの財産や葬儀をどうするか、事前に自分で決めて、誰かに託しておかなければなりません。

今や納骨堂や合祀の施設を持ち、永代供養を行なっている寺院（または宗教法人）が東京23区内に80か所以上もあり、都下や隣接する千葉、埼玉、神奈川を合わせればさらにたくさんある事実が、こうした要望の受皿になっているとわかります。まさに墓からの解放とでも呼ぶべき、意識改革の産物です。

この5年くらいで「終活」が話題になり、自分が元気なうちに、ボケないうちに、人生の棚卸しをやっておこうという人が増えています。ひとり暮らしだと部屋で突然倒れても救急車も呼べず、その挙句死んでも誰にも気がつかれず、腐敗して周囲の人が異臭に気づいてから発見されることもあります。そんな孤独死は誰も望まないでしょう。

そこで、おひとり様は終末に迷惑をかけないために、次のことを「終活」として実行しておくとよいと言われています。

①普段から人のネットワークづくり〜孤独死しないために同志たちとつながっておく
②不要な物の処分〜使わない物を捨てる、譲る、売るなどして常に身軽にしておく
③財産の処分の仕方を決める〜親からの財産、自分の財産の行方を誰かに託しておく
④自分の葬儀をどうするか決める〜葬儀を契約しておく
⑤自分の遺骨の処分方法を決める〜合祀、永代供養することを決めておく（契約しておく）

①と②は、おひとり様だけに当てはまることではありません。ここで注目すべきは、「③財産の行方を託しておく」「④葬儀を契約しておく」「⑤お骨のことを決めておく」という項目です。

実は、これらを商売として請け負っている会社があります。そのひとつに、サーバントラスト信託という信託会社があります。

信託というと投資信託を思い浮かべるため、金持ちの世界の話と思ってしまいますが、この会社は管理型信託業という国の免許または登録を受けた事業者で、その事業の中に「老い支度サポート信託」「葬儀費用お預かり信託」「遺言書の代わりの信託」のほか、死後事務委任契約預託金保全をするサポート信託など、おひとり様向け事業を展開しています。かなり強力な助っ人のようですので、気になる人は検索して詳細を確認してください。

先日、ある40代半ばの独身女性が信託を利用するにあたり、予備知識がまったくない中、金融プランナーが資産の相談に乗るという設定のテレビ番組を偶然観ました。その女性は、両親を亡くしてから自分が死んだらどうするか考え始めたそうです。彼女はひとりっ子で、一生独身を貫くつもりなので、何か手を打っておかないと誰かに迷惑がかかるだろうと懸念したからとのことです。

その結果、金融プランナーからお金の運用法などを指南された他に、おひとり様向けの信託をやったほうがいいと言われていました。これはおひとり様には心強い味方だと思い、本著に紹介した次第です。

おひとり様の死に関しての私の経験は、孤独死のパターンが多く、たいてい発見が遅れてしまうために凄惨(せいさん)な死亡現場でした。こんな死に方だけはしたくないと思わせるに十分でした。

ただの独居死で、家族がいる人はあとのことを家族がやってくれる可能性がありますが、それでも中には迷惑がる家族もいて、本人確認も拒否、火葬費用を出すのも拒否、お骨を引き取るのも拒否という例もあります。いけないと知りながら、お骨を宅配便で送ったことさえあります。

しかし、天涯孤独の場合は、公費で火葬してお骨は合祀され合同供養にまわすしかなく、所持金や資産は、相続人を見つけられない場合には国庫へ入れられます。家族は警察が捜し、火葬は葬儀社が法律で定められた金額で請け負い、法的な手続きは自治体の福祉事務所などが受け持ちます。葬儀社にとっては、ほとんど社会貢献に等しい仕事ですが、仕方がありません。こうしておひとり様は大勢の手を借りて葬られるのです。

確実に増えているおひとり様。家族がいない、頼る人がいない、最後はひとり暮らし。でも、これは、何もおひとり様だけではありません。核家族で生活していれば当たり前です。かくいう私も、女房が先に逝ったらひとり暮らしです。子どもと同居など考えも及びません。

人は最後はひとりです。厄介なことに、何歳まで生きるかわからないのですから。

おわりに

私が葬儀業界に入って、25年が過ぎました。

25年前、葬儀業界に転職することになって、勤めていた会社を退職するにあたり、取引先へ最後の挨拶をしに行ったときのことです。

「今度は葬儀屋さんだって？　死体を扱う仕事できるの？　大変な商売だってね。もっとも人がいやがる仕事だから金にはなるらしいけど。ま、頑張って稼ぎなよ」

と、痛烈なひと言を餞別に頂戴しました。当時はバブル崩壊前の好景気で、葬儀業界もまた大きく変化しようとしていましたが、このころはまだ、葬儀業界そのものが「ブラック」と思われていた時代だったのです。

そうしていざ葬儀の仕事を始めてみると、何となくですがこの仕事は自分に向いているのでは、と感じました。新人のときは知らないことばかりなので、経験不足を知識で補おうと葬儀に関する本をたくさん読みました。本で得た知識を現場ですり合わせ、確認しているうちに仕事が楽しくなってきました。そして葬儀の仕事は私に向いていると
いう直感は確信に変わったのです。

入社当時と現在との違いについては、本著の中でいろいろ触れているのでここでは述べませんが、根本的に変わったことは消費者の見方です。それはサービスに対する見方であったり、物の品質に対する見方であったり、そして何より葬儀社の職員に対する見方です。

時代とともに消費者の意識が高くなり、葬儀社に対してもサービス向上が叫ばれるようになりました。しかし、ハード面は確実によくなっていましたが、それに比べてソフト面が弱いのが現実でした。

私たちの会社でも、そういった時代の流れを受け、社員教育の強化が始まりました。礼儀礼節、言葉づかい、態度など基本から見直し、お客様からの問い合わせにはどのスタッフでも同じ対応ができるようになることを目標に、サービスのプロを育て上げました。そして2001年にISO9001を取得して、葬儀サービスが国際規格の基準に

達したことを証明しました。25年前の痛烈な餞別をバネにして、ここまでたどり着いたと言えるかもしれません。

そのような時代の中にあっても、ブラック葬儀屋は確実に存在します。かつて葬儀業界がブラックだと思われていた時代からまだ生き残っているのです。あれから四半世紀が経ち、今や葬儀社に大学生が就職希望で押し寄せる時代となったにもかかわらずです。

読者の皆様、どこかでブラック葬儀屋に遭遇したら、この本を思い出してください。彼らの思いどおりにならず、後悔のない葬儀を行なうための一助にこの本がなりますよう、心より願っております。

著者略歴

尾出安久
おいでやすひさ

一九五六年生まれ、埼玉県在住。

國學院大學文学部史学科卒業。三十三歳で葬儀業界に入り、「一級葬祭ディレクター」（厚生労働省認定）として現場の第一線で活躍。

葬儀の仕入や発注の経験も豊富なため、総合的かつ実践的なアドバイスを身上とする。

また、人間らしい葬儀を提案するアドバイザーとして講演、執筆活動を行なっている。

著書に『葬儀屋さんの打ち明け話』（成美堂出版）、『葬儀屋さんの胸の内』（朝日ソノラマ）など。

http://www.k-word.co.jp/

幻冬舎新書 405

ブラック葬儀屋

二〇一六年一月三十日　第一刷発行

著者　尾出安久
発行人　見城 徹
編集人　志儀保博

発行所　株式会社 幻冬舎
〒一五一―〇〇五一 東京都渋谷区千駄ヶ谷四―九―七
電話 〇三―五四一一―六二一一（編集）
〇三―五四一一―六二二二（営業）
振替 〇〇一二〇―八―七六七六四三

ブックデザイン　鈴木成一デザイン室
印刷・製本所　株式会社 光邦

GENTOSHA

Printed in Japan　ISBN978-4-344-98406-6 C0295
お-21-1

幻冬舎新書

島田裕巳
葬式は、要らない

日本の葬儀費用はダントツ世界一の２３１万円。巨大な祭壇、生花、高額の戒名は本当に必要か。古代から最新事情までをたどり、葬式とは何か、どうあるべきかまでを考察した画期的な1冊。

島田裕巳
戒名は、自分で決める

戒名料の相場は約40万円——たった10文字程度の死後の名前が高額なのはなぜか？　戒名という制度を解説し、俗名で葬られること、いっそ自分でつけることまで提唱した新時代の死の迎え方。

中村仁一
大往生したけりゃ医療とかかわるな
「自然死」のすすめ

数百例の「自然死」を見届けてきた現役医師である著者の持論は、「死ぬのはがんに限る。ただし治療はせずに」。自分の死に時を自分で決めることを提案した画期的な書。

木谷恭介
死にたい老人

老いて欲望が失せ、生きる楽しみが消えたとき、断食して自死すると決意。だが、いざ始めると、食欲や胃痛に悩まされ、終いには死への恐怖が！　死に執着した83歳小説家の、52日間の断食記録。

幻冬舎新書

中山祐次郎
幸せな死のために一刻も早くあなたにお伝えしたいこと
若き外科医が見つめた「いのち」の現場三百六十五日

死に直面して混乱し、後悔を残したまま最期を迎える人々。そんな患者さんを数多く看取ってきた若き外科医が、「少しでも満ち足りた気持ちで旅立ってほしい」という想いから、今をどう生きるかを問う。

ネルケ無方
なぜ日本人はご先祖様に祈るのか
ドイツ人禅僧が見たフシギな死生観

日本人の死に対する考えは不思議だ。生と死を厳密に分けず、死者への依存度が高い一方で「死は穢れ」という。ドイツ人禅僧が、日本と欧米社会を比較しながら、その死生観と理想の死を考察。

稲垣栄洋
なぜ仏像はハスの花の上に座っているのか
仏教と植物の切っても切れない66の関係

不浄である泥の中から茎を伸ばし、清浄な花を咲かせるハスは、仏教が理想とするあり方。仏教ではさまざまな教義が植物に喩えて説かれる。仏教が理想とした植物の生きる知恵を楽しく解説。

藤田一照　山下良道
アップデートする仏教

欧米の仏教が急激に進歩しているのに、なぜ日本の仏教だけが旧態依然としているのか。三十年にわたり世界で仏教の修行を実践し深めてきた二人のカリスマ僧侶が、日本の仏教を1・0から3・0に更新する！